中公文庫

構造と力

記号論を超えて

浅田 彰

中央公論新社

本書の構成について

「序に代えて」では、本書の執筆にあたっての姿勢を明らかにするとともに、本書全体の論理の雛型を提示する。

第Ⅰ部では、構造主義とポスト構造主義をひとつの一貫したパースペクティヴの中で論理的に再構成し、現在の理論的フロンティアの位置を確定する。

第Ⅱ部では、第Ⅰ部で提示したパースペクティヴをさらに内在的に理解すべく、構造主義のリミットと目されるラカンの理論に定位して詳しい分析を行ない、その後、新しい理論家たち、とりわけドゥルーズ＝ガタリが、どのようにしてそれを乗りこえていくかを検討しながら、ポスト構造主義の理路を探っていく。

なお、ひとつひとつの章は、完結した独立の試論として読むことができる。

構造と力——記号論を超えて

目次

本書の構成について

Ⅱ　構造主義のリミットを超える――ラカンとラカン以後

構造と力——記号論を超えて

序に代えて
《知への漸進的横滑り》を開始するための準備運動の試み
——千の否のあと大学の可能性を問う

　サブタイトルを書きながら、はや投げ出したいような気分になってくるのを、どうしようもない。大学について論ずる？　まだ何か論ずべきことが残っているかのようなふりをして？　大学についてあれほど多くのことが語られ、しかも、予想されていたこととは言え、それが現実に何の効果も及ぼしえなかったことが確認されて、すでに久しい。それ以来、この問題については優雅に肩をすくめてやりすごすというのが決まりだったはずだ……。

　ペンを放り出してあたりを見回す。勉強に余念のない学生たち。専門課程にそなえて勉強している教養課程の学生、卒業試験ひいては就職にそなえて勉強している専門課程の学生、ある者は大学院入試のために勉強し、それに合格すると研究者として独立するために勉強する。ぼくの机の上にも、こんな原稿ではなく、しかるべき専門書の類が置かれていて当然なのだ。けれども、それを許さない一抹の奇妙な違和感。

　そもそも、みんな一体いつから、こんなにも学生らしく各々の分に応じて勉強するようになったのか。特に、目下の目的のために必要な勉強だけを要領よくやり終えると足早に「私生活」へと向かう現役の大学生たち。彼らは大学入試だけを目的として何年間も空疎な勉強を強いられてきたはずだ。それなのに、まだ飽きないのだろうか。一体どんな風にして、これほど醒めた賢明《ワイズ》な処世術を身につけたというのだろう。それにしても、自らの未熟で生硬な「思想」に酔い、軽はずみで小生意気な議論をふっかけておとなたちを苦笑させるといった学生像は、もはや過去のものとなったのだろうか。「らしく」ないことこそが学生らしさだった時代は過ぎ去ってしまったのだろうか。

　奇妙な老成と温室育ちの幼さとを兼ね備えたかに見える彼らの間でこんなことを考えていると、自分だけが成熟しそこなった小うるさいガキのように思えてくる。ますますつのる違和感。その中で、ぼくは自分が再びペンをとり、おそらくは場違いなことをしていたいというだけの理由で、文章を綴り始めているのを見出す。誰に？　いま大学の門の前に立つあなたに、そしておそらく、大学入学を目前にしていた頃のぼく自身に向けて。

1　目的としての知と手段としての知

受験戦争の修羅場をくぐり、累々たる同胞の屍を踏みこえて、あなたはいま大学の門の前に立つ。そのあなたの目に、大学はどんなイメージを投じているだろうか。

かつて文学部と理学部が大学のイメージの中核だった時代があるという。大学に入ろうとする者は、あるいは哲学的思索にふけり、あるいは自然の謎を解き明かすというロマンティックな夢を心のどこかに秘めていたのだと、伝説は語る。現在の大学のイメージは、しかし、この上なく散文的なものにすぎない。その中核にある法学部と医学部は、学問研究の場というよりも、官僚や医師になるためのステップとして、高く評価されているのだ。

このふたつのイメージの対比は検討してみるに値する。そんなことをして何になるのだとあなたは言うかもしれない。それには、大学というのはこういうことをする所なのだと答えておこう。普段さほど気にもとめずに通り過ぎている世界の一隅を、新しい角度から照らし出し、くっきりしたパターンを浮かび上がらせること。実際、大上段に構えて言えば、〈もの〉が物質＝エネルギーであるとすると、〈もの〉の〈かたち〉、空間的・時間的パターン、それこそは最広義の情報にほかならないのであり、大学が情報の生産と伝達の場である以上、あなたがそこで参加するのは〈かたち〉を見定める作業以外の何ものでもない。

そこで、大学についてのふたつのイメージの対比から明確なパターンを抽出するために、文・理学部中心―法・医学部中心という対比に、即時充足的《コンサマトリー》―手段的《インストゥルメンタル》、虚学的―実学的、「象牙の塔」的―「現実主義」的といった一連の対比を重ねてみる。すると、それらは不協和音を発しつつも、ひとつの構図へと収斂していくだろう。その上で、大勢が前者から後者へ移ってきたというストーリーが語られ、最後に、あなたは二者択一の前に立たされる。両者のうちどちらを択び取るのか。知のための知と手段としての知、そのいずれをよしとするのか。

数年前のぼくのようにうろたえたくなかったら、こうした場合の作法は心得ておいた方がよい。二値論理に合わせて答を出すのは共通一次試験で卒業ということにしよう。二者択一の問題には決してまともに答えないこと。できれば問題そのものをズラせてしまうこと。そんなことをすればせっかく抽出したパターンが乱れてしまうと思われるかもしれない。心配は無用だ。ひとつのパターンを後生大事に守り抜くことは寺院にこそふさわしい。大学は出来上がったパターンをズタズタに切り裂く場所でもあるのだ。画布を破り捨てる用意のある者だけがすぐれた〈かたち〉を描くことができる。このことの意味はあとで掘り下げるとして、問題の二者択一に戻ろう。

この場合、いずれの選択肢も全く魅力をもたないことは、一目瞭然だ。まず前者である。知のための知などという安手なスローガンに今もって心を動かされる者がいようとは、とても思えない。あくまでも虚学だと意識しているうちはいいとして、そのうち祭司の如き情熱をもって自己目的化した知に拝跪するとなると、傍で見ていて肩をすくめてみたくなるのも無理はない。しかも、そのようにして肥大した知が、しらずしらずのうちに社会の中で宗教的機能を果たし始めるという逆説にも、あなたは気付いているはずだ。それくらいなら、後者のように「たかが手段なのだから」といって知を相対化しうる方がましだろう。けれども、それに対応する目的の方はどうなのか。知を手段として軽視するからには、ほかに重視すべき目的があるのだろう。しかし、卒業のための進級、就職のための卒業と、手段―目的の連鎖を追っていっても、目的はどんどん彼方へと後退し、あとには即時充足的《コンサマトリー》な意味を喪った手段の残骸が連なっているばかり、無理に目を凝らしてみても、官僚や医師としての成功、「なんとなく、クリスタル」な「アッパー・ミドル」の生活といった「幸せ」のイメージがぼんやりと浮かんでいるにすぎないのだが、その「幸せ」もたかだか「スプーン一杯」程度となると、いささか物悲しい話ではある。何と言っても、ことはス

してみると、これは極めて貧しい選択だと言わざるをえない。

タイルの問題であり、あなたの感性はどちらのスタイルをも受けつけないはずだ。スタイルといい、感性といい、いかにも軽薄な響きではある。けれども、感性によるスタイルの選択の方が理性による主体的決断などよりはるかに確実な場合は少なくない。その意味で、ぼくは時代の感性を信じている。

ジャーナリズムが「シラケ」と「アソビ」の世代というレッテルをふり回すようになってすでに久しいが、このレッテルは現在も大勢において通用すると言えるだろう。そのことは決して憂うべき筋合いのものではない。「明るい豊かな未来」を築くためにひたすら「真理探求の道」に励んでみたり、企業社会のモラルに自己を同一化させて「奮励努力」してみたり、あるいはまた「革命の大義」とやらに目覚めて「盲目なる大衆」を領導せんとしてみたりするよりは、シラケることによってそうした既成の文脈一切から身を引き離し、一度すべてを相対化してみる方がずっといい。繰り返すが、ぼくはこうした時代の感性を信じている。

その上であえて言うのだが、ここで「評論家」になってしまうというのはいただけない。〈道《みち》〉を歩むのをやめたからといって〈通《つう》〉にならねばならぬという法はあるまい。自らは安全な「大所高所」に身を置いて、酒の肴に下界の事どもをあげつらうという態度には、知のダイナミズムなど求むべくもない。要は、自ら「濁れる世」の只中をうろつき、危険に身をさらしつつ、しかも、批判的な姿勢を崩さぬことである。対象と深くかかわり全面的に没入すると同時に、対象を容赦なく突き放し切って捨てること。同化と異化のこの鋭い緊張こそ、真に知と呼ぶに値するすぐれてクリティカルな体験の境位《エレメント》であることは、いまさら言うまでもない。簡単に言ってしまえば、シラケつつノリ、ノリつつシラケること、これである。

先程来の文脈で言うとどうなるか。醒めた目で知を単なる手段とみなすことは、まず退けられる。そもそも、あなたは目的そのものにシラケているはずだ。かといって、知を目的として偶像化するほど熱くなることもない。そこで、あなたは「どうせ何にもならないだろうけれど」と言いつつ知と戯れることができる。そして、逆説的にも、そのことこそが知との真に深いかかわりあいを可能にする条件なのだ。

この論点をパターンとして了解するために、パラフレーズを試みよう。たとえば。人がそれと知らずにかけている色メガネをドクサという。色メガネをとって裸眼で世界の実相を見たと信ずる者は、それをエピステーメーとして顕示する。ソフィストはそれを見て、あれもまたもうひとつのドクサに過ぎないのだ、裸眼など虚構でしかないのだから、と冷笑する。旅にでも出てみるがいい、いろいろな色メガネがあって興味が尽きないから、というのが彼の忠告だ。ドクサという語をパラダイムないし構造という語で置きかえても大過ないことに注意しておこう。

さて、この文脈で言えば、半ばそれと意識しつつ日常生活のドクサへの埋没を択ぶのでもなく、象牙の塔にこもって大上段にエピステーメーをふりかざすのでもなく、それもまたドクサであると意識しながら知と戯れることが問題なのである。ただ、ソフィストの評論家ぶりは避けねばならない。諸々の知の形態を一様にドクサとして相対化し、夜店の色メガネの屋台のように陳列してみても、通りすがりの興味をひくのがせいぜいだろう。ドクサとはいえ、それに深くかかわることによってはじめて、ドクサを強引に横へズラせる運動、あのパラドクサの運動が、真にクリティカルな出来事として炸裂しうるのではなかったか。

別の観点からパラフレーズを続けよう。カイヨワの〈聖―俗―遊〉図式は余りにも有名である。〈俗〉の世界において、人は日常の現実を与えられるがままに受け入れ、いわば「ただのひと《ダス・マン》」(ハイデガー)として生きている、と言うより、生かされている。この現実を超えてひとつの全く別な文脈をあえて択び取る、全く非日常的な価値体系と深い同一化をとげる、それが〈聖〉の世界だとすると、他方、〈遊〉の世界は、責任主体としての自我の観念も、そのいかなる文脈への統合も拒否し、日常的な価値をはじめとしてあらゆる価値体系を笑いのめすところに成立する。しかも、〈聖〉からズッコケて〈俗〉、〈俗〉からズッコケて〈遊〉というハイアラーキーにもかかわらず、〈聖〉と〈遊〉がその実「通底器」をなしているというのも、周知の通りである。

さて、〈聖〉と〈遊〉のこの連関が断たれ、各々が閉じてしまうとどうなるか。〈遊〉なき〈聖〉は自己相対化の契機を失い、一定の価値への無際限の没入を招く。ファナティックな宗教におけるが如き極小政治セクトの分立はその一症例であるが、「学問の聖なる権威」に安住するタコツボ式専門バカにそれを笑う資格があるかどうかは疑わしい。他方、〈聖〉の契機を欠いた〈遊〉は、対象とかかわっていくダイナミズムを失い、モラトリアム期間内に局限された矮小な「レジャー」に堕す。アタッチメントなきディタッチメントが何の衝撃力ももたないのは当然だ。あらゆる文脈、あらゆるサンタグムを笑いとばす、いわばパラディグム方向の跳躍力を備えたカーニヴァルの哄笑は影をひそめ、人は猶予期間中、現実社会の文脈からおずおずと身を引いて、幼さの残る顔に妙に老成した笑いを浮かべることになる。ここで、ぼくたちのテーマが〈聖〉と〈遊〉の相互貫入、全面的没入と自己相対化・同化と異化・ノルこととシラケることとの相互的ダイナミズムに他ならないのだと繰り返す必要は、もはやないだろう。

いまさらミコシをかつぐのもシンドイけど、二階の張出し窓で高見の見物ちゅうのもイヤミッたらしい、こうなったらミコシの後についてウロチョロするか、とは、一刀斎森毅の言である。この類まれなるスタイル感覚に注目されたい。「アホラシイからヤーメタ、といった短絡的傾向が増えてはいるが、〈アホラシイけどヤッテミルンダ〉というのは、きわめて人間的な、とくに青少年期の特性とさえ考えられる優秀な資質に属する」（『学校とテスト』朝日選書）。いささかもってまわった表現ではあるが、何のことはない、一刀斎は「あなたも一緒にウロチョロしませんか」と誘っているのだ。これに応えずして、「シラケ」と「アソビ」の世代の可能性はない。実際、熱くなるのはとうに流行おくれ、かといって、すべてにシラケきったダンディズムを気取るのにも飽き果てたこの時代にあって、他にどんな選択がありうるだろうか。

それにしても、主観的なスタイルというような矮小な問題がどれほど重要なのか、とあなたは問うかもしれない。ここで、スタイルの問題こそ倫理的《エティック》＝審美的《エステティック》判断の根幹に他ならないのだと大見得を切ってみせてもいいのだが、当面の主題に関する限り、ことはさらに大きく広がっていくのである。と言うのも、ぼくたちの直面しているスタイル上の二者択一は、近代の知の総体、就中、ぼくたちが学ぼうとしている社会科学に突きつけられた二者択一と、ほぼ同型なのだ。そこで、身をもってパラディグム方向の跳躍に挑み、極めて私的なレベルから、一転して能う限り大きな（メガロマニアックな？）パースペクティヴに視座を移して、この問題をさらに追ってみることにしよう。そのために、いささかの迂回を許していただかねばならない。

2　宗教としての知と技術としての知

人間を狂った生物とする考え方がある。実際、有機体が、確定的な生の方向＝意味《サンス》に従って、プログラムされたコースを歩んでいくとすれば、方向＝意味《サンス》の過剰を自然史的アプリオリとする人間は、放っておけばどちらを向いて走り出すかわからない、大変厄介な存在である。有機体が本来の意味で死を知らず、淡々と成熟し、生殖を行ない、ある時ふと生存を停止するだけであるのに対し、人間はあえて自殺することもある存在であり、また、毒キノコを例にとれば、有機体にとってそれが〈毒〉という機能的意味しかもたないのに対し、人間はその上に〈妖しい美しさ〉や〈まがまがしさ〉といった象徴的意味を塗り重ねずにはおかないのだと言えるだろう。有機体が然るべき時に然るべき相手と交接し、また、然るべきシグナルによって攻撃を中止することは、よく知られているが、人間は、デュドロ＝フロイトの言う通り、放っておけば「父親の首をひねって、自分の母親といっしょに寝るかもしれない」。してみると、人間はホモ・サピエンス（理性のヒト）である以前にまずホモ・デメンス（錯乱のヒト）なのだというモランの主張は、当然至極なものと言うことができる。

このような、生きた自然からのズレ、方向《サン》＝意味《ス》の過剰は、まず、恣意性のカオスとして現われる。自然の秩序をもたぬ人間は、「恣意性の制限」（ソシュール）として文化の秩序を構成せねばならない。それが必然的に差異の共時的体系、つまり象徴秩序という性格をもつことは、構造主義が明確に示した通りであり、次章で確認することになるだろう。ここで、人間はつねに－すでに象徴秩序の中にいるのであり、恣意性のカオスはそこから論理的に遡行することによってはじめて見出されるのだということに、注意しておく必要がある。

さて次に、レヴィ＝ストロースの「冷たい社会」と「熱い社会」という理念型を導入しよう。「冷たい社会」――近代以前のほとんどすべての社会――は長期にわたって安定的な象徴秩序を維持しているが、そのための仕組みのひとつがトーテミスムである。並置された自然の系列と社会の系列が一挙に分節化されることにより、ふたつの系列の間にメタフォリックな対応が生ずる。言いかえれば、象徴秩序はコスモスとノモスが見合った形の二元構造をとるわけだ。この対応によって、本来は恣意的なものにすぎない各系列の分節化が、ある程度の安定性を得ることになる。ことにコスモスは「聖なる天蓋」（バーガー）となってノモスを支え、人間の社会の事とてどうしても変化にさらされやすいノモスの秩序を、激動から守るのである。

もちろん、そのような仕組みをとったからといって、象徴秩序の中にカオスを回収しつくすことはできない。未だ象徴秩序に包摂されざる部分、そこからはみ出した過剰なる部分、バタイユの言う「呪われた部分」が、常に残っている。「冷たい社会」は、周期的な祝祭における常軌を逸した蕩尽によってこの過剰なる部分を処理し、そのことによって日常における象徴秩序の安定性を維持していると言っていいだろう。一時的にカオスを導き入れ、顕揚することによって祓い清めてしまうしかけとしての、ハレの時空。レヴィ＝ストロースがトーテミスムと双対的なものとして示した供犠《サクリフィス》や、バタイユが注目したポトラッチを、そうした祝祭の典型とみなすことができる。以上が、「冷たい社会」とそこでの象徴秩序のありように関する、一応の説明である。

けれども、これで話が終わったわけではない。このところ、いささか混乱した形で喧伝されることの多いここまでのストーリーは、近代を考えるにあたっては、間接的な関連性しかもたない。近代の「熱い社会」は、多くの「冷たい社会」を次々と呑み込み、その各々のコスモス＝ノモス構造を解体することによって成立した社会だからだ。ドゥルーズ＝ガタリにならって言えば、カオス的な流れをコード化《コデ》することによって構成されたのが象徴秩序であるとすると、それを脱コード化《デコデ》することによって出現したダイナミックな社会が近代社会なのである。いまやコスモスは沈黙せる無限空間に変貌し、ノモスの解体によって個人は共同体の外に放り出される。このコスモス－ノモスの不在がそのままアノミーに、恐るべきカオスの氾濫に結びつかないようにするには、どうすればいいか。

過剰を抱えたまま、しかも、象徴秩序の紐帯がゆるみきったところで、じっとうずくまっているのに耐えられなくなったとき、人々は群をなして一方向に走り出す。一方向への絶えざる前進こそ、スタティックな象徴秩序をもたない、と言うより、それを解体し運動化することによって成立した近代社会の、基本的なあり方にほかならない。それは本質的には不均衡累積過程（岩井克人）である。けれども、過程が継続している限り、破局は先へ先へと延期され、人々はかりそめの安定を得ることができる。それだからこそ、人々は究極の目的について問うよりも先に、そのつど前進を続けることを至上命題とするのであり、何ら絶対的基準を持たぬまま、より速く、より遠くまで進むことのみを念じてやまないのである。

してみると、象徴秩序がスタティックな差異の体系を成すのに対し、近代社会は、むしろ差異化様式とでも呼ぶべきものを主たる構造としていると言えるだろう。言いかえれば、差異の体系そのものが、差異化の累積的進展というダイナミックな契機を孕んでしまっているのだ。従って、「冷たい社会」が周期的な祝祭を必要としたのに対して、「熱い社会」

は祝祭を知らない。過剰なる部分は、一歩でも余計に進もう、余分な何か《エトヴァス・メア》を生産しようとする日常の絶えざる前進そのものによって、形を変えて実現されているのだ。その意味で、バタイユの礼讃したようなポトラッチは、近代社会と無縁である。むしろ、日常の生活そのものが、世俗化された持続的ポトラッチと化していると言うべきだろう。ヴェブレンやボードリヤールの分析は、このことをよく示している。

このように、過剰なる方向＝意味《サンス》を象徴秩序に取り込み、差異の束としての高次元の象徴的意味《サンス》のうちに結晶させようとする「冷たい社会」に対し、「熱い社会」はそれを一定方向《サンス》に回路付け、どんどん流してやることによって、ダイナミックな解決を図ろうとする。そこで必要になるのが、整流器であり、加速器であり、安全装置である。ここで突然、あなたは近代における知の問題、とりわけ、教育・研究機構とその頂点としての大学の問題に直面していることに気付くのだ。

実際、受験戦争の歴戦の勇士（⁉）であるあなたが、教育機構こそ近代社会の前進運動ないし差異化過程の最も有効な整流器のひとつであることを、知らないはずがない。その見事な機能ぶりは、「偏差値信仰」がかくも広汎な広がりを見せるまでになった現在、むしろ見なれた光景の一部となってしまっているが、共同体の解体と近代社会の形成にあたって、近代の「国家のイデオロギー装置」（アルチュセール）の中核としての教育機構による上昇志向の注入がいかに大きな役割を果たしたかは、例えば桜井哲夫の労作（「知の位階制」『中央公論』一九八一年二月号）によって示された通りである。

教育によって伝達される知そのものについてはどうか。まず要請されるのは、流れの加速器として機能すべき技術知である。社会科学に限って言えば、いわゆる社会工学がそれにあたる。然るべき条件を整え、急速な成長を続けていくための、諸々の経済政策・社会政策。流れの中で競争しあう個々の主体が援用すべき経営政策。これらはみな、究極の目的をもたぬ手段であり、自己目的化し肥大していく運命にある。

こうした応用科学の病理を、純粋科学に携わる人々は他人事として笑う。しかし、純粋科学にはまた別の病理が待ち構えている。近代社会の宗教と化すこと、これである。コスモス－ノモス構造にとってかわった成長－差異化様式は、過剰なる部分をも自らのうちに取り込むしたたかな構造を備えてはいる。けれども、それがカオスの到来を先へ先へと繰り延べていく不均衡累積過程であることを、人は無意識のうちに感じとっている筈だ。例えば、ぼくたちの周囲では小中学校はおろか幼稚園まで巻き込んだ恐るべき教育競争が展開されつつあり、生徒たちはそのつど次の試験のために無意味な勉強を強いられているが、その背後にある奇怪な安定幻想、良い幼稚園に入れれば良い小学校に入ることができ、そうすれば良い中学校に入ることができ、そうやってベルト・コンベヤーに乗ったまま良い大学、良い企業に入ることができるという、本来何の根拠もない安定幻想自体、近代社会の前進運動の不安定性に人々がどれほど危惧の念を抱いているかを、逆に照射しているのではあるまいか。だからこそ、みんな平気で渡っているけれど、その実、信号は赤なのだと叫ぶことによって、その危惧を表面化する者がいると、近代社会は強烈なリアクションを示すのである。

経済学史に例をとれば、最も大きな声で王様は裸だと叫んだ子供は、ほかならぬマルクス、不均衡累積過程の帰結としての恐慌の必然性を説いたマルクスであった。マルクスの『資本論』の刊行が開始されたのは一八六七年であるが、それに対し、一八七〇年代には早くも「理論的反革命」(塩沢由典)としての限界革命が展開される。もちろん、限界革命の担い手たちがはっきりそうと意識していたわけではない。ワルラスなどは、むしろ、社会主義的な思想の持ち主だった。しかし、そこで提示された高度に調和的な世界像が、マルクスのそれと正反対の効果をもつことは、疑いを容れない。現代の経済学の主流をなす新古典派は限界革命の伝統をうけついでいるが、その主な論点は、一定の技術的な仮定をおけば、完全競争のもとで個々人が全く独立に利己的利益を追求することがそのまま社会的なバランスと両立する点が存在し、しかも、その点がパレートの意味で最適であるということを、厳密に証明しうるというものである。この命題やその系《コロラリー》は、自由貿易や独占禁止といった政策に「応用」されもするが、むしろ、コスモス－ノモスという安定的枠組を失った近代社会に対し、知の平面において調和的構図を提示することにより、現実の平面においてそれに対応する調和の幻想を与えるという、宗教的ないしイデオロギー的な機能の方が、はるかに重要だろう。実際、現実の不均衡が覆い隠しようもなくなり、危機を回避するための技術知への要請が緊急性を増してはじめて、新古典派のヴィジョンとは矛盾する点を多々含んだケインズ政策が登場したわけだが、危機が過ぎ去ってしまうと、そのケインズ理論も、とりあえずは「新古典派綜合」というギクシャクした形で調和的ヴィジョンの側に回収され、さらに最近では、「新古典派綜合」さえ批判して純然たる新古典派に回帰しようとする動きも目立っているのだ。イデオロギー的機能の重要性のひとつの証左であろう。

また逆に、新古典派を批判し、それを超えた社会諸科学の「超学的協同」を提唱する論者すら、そうした知の協同が描き出す円環と脱成長段階の社会（新たな「冷たい社会」？）の円環とが美しく共鳴しあうという宗教的なヴィジョンを語り、エピクロスの園の幸福への希求を口にしてしまうのである。

このように、近代社会における知のための知は、失われたコスモスにかわって「聖なる天蓋」――「聖」といってもそれこそ「スプーン一杯」程度ではあるが――の役割を果たし、人々に幻想的安定感を与えることになる。成長の一時的な破綻に乗じ、あるいは、成長から落ちこぼれた人々の不満を通じて、カオスが乱入してくるのを防ぐための、諸々の社会政策の技術知と相まって、安全装置としての機能を果たすわけだ。

応用科学としてメトニミックな手段性の連鎖に組み込まれた知が、自己目的化し意味もなく肥大する一方、自己目的的な純粋科学であったはずのものが、メタフォリックな対応によって社会の秩序を支える役割を果たすようになる。一方は「部分的社会工学《ピースミール・ソーシャル・エンジニアリング》」の名のもとに断片化・無意味化を余儀なくされ、他方は本来全体たりえぬものを全体と信じ、そのヴィジョンをマンダラの如く崇拝することで近代社会の宗教と化す。こうして、あなたはいつの間にか、あの不毛な二者択一の問題へと回付されているのを見出す。そして、ここでもまた、二者択一そのものを疑うより他に道はない。断片と化すことを拒否しつつ、しかも、虚構のマンダラを切り裂くこと。

ここで、しかし、超越的な基準に立って「近代批判」を試みても仕方がない。そもそも、喪われた至福との距離によって現在を断罪し、始源の透明の回復を希求することは、定義により「反動的」である。「冷たい社会」を理想化しその再現を願うことなど論外として、より一般的なのは、「自然状態」を絶対化し、そこからの堕落を告発しつつ、高次元でのそこへの回帰をめざすという戦略、ルソーを始めとする疎外論的思考によって語られてきた戦略である。現実に対してユートピアを突きつけることによる批判力は認めよう。けれども、始源にあったのはカオスだということ、より正確に言うと、始源を求めて遡ったとき見出されたのは始源からのズレにほかならなかったということを知った以上、もはや、喪われた至福の世界、あるべき姿の世界を信ずるわけにはいかない。少なくとも、自然回帰や肉体礼讃がやすやすとファシズムに傾斜していった過去を知る者は、しなやかな心と体を介したコスモロジカルな全体性の回復を説いたり、コンヴィヴィアリティ——大仰な訳語があるようだが、結局、自然や他者と共にいきいきと生きることであろう、しかし、それが不可能だからこそ象徴秩序が要請されたのではなかったか——などという御題目を唱えたり、それほど楽観的ではないにせよ、カオスの象徴秩序への叛乱に賭けたりする前に、「英知においては悲観主義者たれ」というグラムシの言葉を銘記する必要があろう。

一方、近代社会に対し諸々の異なった象徴秩序を並置してみせることですべてを一様に相対化するという戦略も無効である。実際、一定のリジッドな象徴秩序を持たないことを特質とする近代社会は、それ自身、他の諸々の象徴秩序なりパラダイムなりを相対化し、あまつさえそれらをパック化・商品化するだけの怪物的力量を備えているのである。ドゥルーズ＝ガタリの言うように、古いコードを脱コード《デコデ》化することで成立した近代社会は、他の様々のコードを解読《デコデ》することに長けてもいる。異質な体系を突きつけてみても近代社会は微動だにしない、むしろ、近代社会とはレヴィ＝ストロースの本を買いパック旅行を買うことで異質な文化との出会いを手軽に体験できるような社会であり、ローカルなパラダイムの相克によって学問の「進歩」を加速してきた社会なのである。

絶対的な基準と同化し、そこから批判を行なうという手も、すべてを異化し、一般的な相対化に訴えるという手も先が見えている。してみると、あなたに残されているのは、ひとまず近代を常ならぬ恐るべきものとして引き受けた上で、その内部で局所的な批判の運動を続けるという困難な戦略だけである。圧倒的な柔軟性を誇る近代のドクサに対し、パラドクサを突きつけてやまぬこと。そのことで、近代社会を貫く膨大な前への流れに微妙な偏曲を生ぜしめること。これは先にふれたマルクスの方法の「可能性の中心」ではなかろうか。アルチュセールは、マルクスが近代のドクサに亀裂を生ぜしめる瞬間を、認識論的切断と呼ぶ。教会の説教壇の如き絶対の高みから大鉈をふるうのでもなく、寿司屋のカウンターに魚の切身を並べるようにパラダイムの数々を陳列してみせるのでもない。恐るべき粘着力を持つドクサの中でそれと格闘し、一瞬の隙をついてそこから逃れ去る、あるいは、それ自体をズラすのである。始源なし目的なしの過程の一契機としての切断。それこそ、近代に絡め取られた知の唯一の可能性であり、大学の生み出しうる最大の事件であり、いま《知への漸進的横滑り》を開始しようとするあなたに先程来提案してきた「方法ならざる方法」なのである。

3 〈教養〉のジャングルの中へ

こうして、ぼくたちは大きなサイクルを描いて、いま大学の門の前に立つあなたのところへ戻ってきた。門をくぐったあなたは、教養課程に入ることになる。ここで、いまあなたのいるところこそ絶好の地点なのだということを強調しておきたい。そこを、専門課程に備える予備学習の場としてではなく、視野を多様化するための拠点として活用すること。急いで狭苦しい枠組を作り、その中に閉じ込もってチマチマと空白を埋めていくという、一見勤勉そのものの「学習」態度、その実、これ以上の怠惰はない。あくまでも広い視野を求め、枠組を外へ外へと開いていくこと。無責任に理想論を述べたてているわけではない。これは、否応なしにある程度の専門分化に耐えねばならぬ地点に立って、いささかの羨望をこめて振り返ったとき、どうしても言っておかなければならないことなのである。

さて、このような「視座の多様化・相対化」論は、二通りの根拠から説かれうる。とりあえず、一方のキーワードをセルフ・インテグレーション、他方のそれをセルフ・エクスプロージョンとでもしておこう。

前者によれば、教養課程では自由な考え方と広い視野を養い、多様な知識をまんべんなく吸収して「智、徳、体のバランスのとれた人間形成」をとげ、専門研究に入るための豊かな土壌を準備すべきだということになる。この場合、「教養」という言葉は「ビルドゥングスロマン」を「教養小説」と訳すときの意味合いにおいて使われており、そこで「ビルデン」される理想像は、つきつめて言うと、ルネサンスの「普遍的人間」ないしデカルトの「普遍的コギト」ということになろう。しかし、一見ヒロイックなこの万能人間も、いまとなってみると、自らの貧しいアイデンティティにしがみつきながら諸々の分野からかじり取ってきた知識のカケラを大切そうに懐にしまいこむミジメな吝嗇家にすぎないのだ、というあのスキャンダルは、知らぬ者とてない。あなたは、こうした理念とは完全に切れたところから歩み始めねばならない。

自己の狭隘な一貫性などにこだわっていないで、あらゆる方向に自己を開き炸裂させること。これが先にふれた後者の見方であり、またおそらく、「私はなぜこんなにかしこいのか」を説き明かす、あのジルス・マリアのオイフォリー人間のスタイルであった。ドゥルーズ＝ガタリはそれを欲望機械と定式化するのだが、相手かまわず連結し、また切断し、それを際限なく繰り返すその無節操ぶりの方が、やせ細ったアイデンティティなどよりははるかに生産的だということは、強調しておいてよい。ここで、連結と切断が同化と異化をパラフレーズするものであることは、指摘するまでもないだろう。

例えば、読書である。入門書を精読して手がたく出発しようなどという小心さはあえて捨てたい。アドルノによれば「難解なもの、手に負えぬものこそお誂え向きだと思っている学生の無邪気さの方が、それだけが思想を喚るものであるのに、複雑なものに手を出す前に単純なことを弁えていなければならない、と指でおどしながら思想を警《いまし》める世の大人たちの狭い了見よりも、賢明なのである」(三光長治訳)。なにも、象牙の塔にこもって一対一で難解な古典と対峙するのがいいと言うのではない。読者が常に間主観性において存在し、テクストが常に間テクスト性において存在する以上、白紙の心をもつ読者がテクストそれ自体と向き合うという図は、幻想にすぎない。むしろ、アドルノの言う「無邪気さ」を「ガキッぽさ」と読みかえつつ、ヤジウマ的に本と付き合えばよい。『資本論』なんて、どう見ても寝転がって読むようにできているのだ。ちなみに、「本と娼婦は、ベッドに連れこむことができる」と見得を切ったのはベンヤミンであった。

もちろん、古典に限ることはない。せっかく受験勉強というインスタント公害食品から解放されたのだ、知のジャングルをさまよって、毒でも薬でもどんどんツマミ食いしてみればいい。「ジャングルでは学問なんてできませんから」(京大前総長)という横槍には、「ジャングルでないと学問なんてできませんから」と応じておくことにする。

実際、そうしてツマミ食いされたものが、いつか突然、古典や教科書と連結されることは、決して珍しくない。了解を真に豊かなものとするのは、常にそうした異種交配でありキアズマであると、断言しておく。とりあえず「文化」という名で呼ばれる錯綜体は、まさにそうやって自らを肥沃化してきたのであり、従って、まことに破廉恥にも無節操な構造を備えたものだということは、すぐれた「文化人」たちのなりふり構わぬ雑食ぶりを見てすぐに察しがつこうというものである。

言うまでもなく、カリキュラムなどによってあなたに課されるのは、それとほぼ正反対のプログラムである。戯画化した極端な例を示そう。例えば、マルクスを読むにあたり、まず、(A)経済学(B)補助学(C)思想史の学習といった分肢が設定され、(A)は（a1）流通論（a2）生産論……、(B)は（b1）ドイツ語（b2）線型代数……、(C)は（c1）ドイツ古典哲学（c2）フランス社会主義……の学習へと下位分化する、等々。このプログラムを一応こなしたと信ずるとき、あなたは安んじてそのピラミッドの頂点に腰を据えることができる。知の世界の一部分を整序してわがものとしえた、というわけだ。けれども、そこがピラミッドの最終的な頂点である保障がどこにあるというのだろう？　ふと上を見上げたとき、自分がより上位のピラミッドの一部分として完全に包摂されていることに気付いたとしたら？

トゥリー状ハイアラーキーの中の一点は、下位の点を完全に包摂しつつ、上位の点に完全に包摂される。下から見れば全能の〈主《ヘル》〉、上から見れば無力な〈奴《クネヒト》〉。これこそ、同時に主君であり臣下であるものとしての主体《シュジェ》の姿ではなかったか。そして、主体《シュジェ》としてハイアラーキーの中にとどまる限り、部分と全体、アトミズムとホーリズムの同位対立から永久にぬけ出せないのではなかったか。それに対して、ぼくたちは先程来、主体としての一貫性などにこだわることなくあらゆる方向に自己を開くこと、それによってハイアラーキーを済し崩し的に解体することを提案してきたのだった。もちろん、それなしにはすべてが混沌と化してしまう以上、目的性のハイアラーキーを直接破壊しつくすわけにはいかない。従って、あなたの作戦は、地下で隠密のうちに運ばれる必要がある。いたるところに非合法の連結線を張りめぐらせ、整然たる外見の背後に知のジャングルを作り出すこと。地下茎を絡み合わせ、リゾームを作り出すこと。

そのためには、ゆっくりと腰を落ち着けているのではなく、常に動き回っていなければならない。ワイズになるのではなく、常にスマートでなければならない。スマート？ 普通の意味で言うのではない。英和辞典にいわく「鋭い、刺すような、活発な、ませた、生意気な」。老成を拒むこの運動性こそが、あなたの唯一の武器なのではなかったか？ これまでさまざまな形で語ってきたことは、恐らくこの点に収束すると言っていいだろう。

速く、そして、あくまでもスマートであること！

おわりに

最後の一句を、ぼくはぼく自身にむけて綴る。ぼくは十分に速くあったろうか。たしかにぼくは動いた、けれども、とぎれとぎれに続いているその軌跡が、実は大きな円を描いているのだとしたら？　動いたつもりで、その実、堂々巡りをしていたのだとしたら？　このような自問自答こそが、しかし、人を重力の罠にはめ、速度を減殺するのではなかったか。いまさら反省にふけってみてもはじまるまい、ペンをおいたらすぐ外に出よう、すると、そこは大学という不思議な場所だ。

ユニヴァーシティというからには、それはひとつの小宇宙には違いない。知と力が絡まり合って奇妙なドラマを演じ続ける劇場。それと外の世界との関係は「照応」というにはほど遠い。ぬくぬくと囲い込まれた特権の場。その中で、ともすれば空気は澱み、演じられる劇は歪んだ鏡のように外界を映し出す。たとえば、現実の政治の矮小にして奇怪なるカリカチュアとしての「学内政治」。それでも、囲い込まれているからこそ敏感に特権を意識し、歪んだ鏡だからこそ見る人に鮮烈な印象を与えるという一縷の可能性を否定し去ることはできないだろう。

先に引いたグラムシの言葉は、「英知においては悲観主義者、だが、意志においては楽観主義者たれ」と続く。困難な道ではある。これをモットーにしていたアルチュセールが昏い場所に入ってしまったという報を聞いたのは、そう遠い過去のことではない。ぼくたちのまわりでも、表面をとりつくろっている分だけ、実相はいっそう絶望的に思える。あの表面の下では知の廃墟が腐臭を放っているのだと聞かされたところで、今さら誰も驚きはしない。それでも、廃墟の腐敗と頽廃の中から舞い上がるヨタカがミネルヴァのフクロウよりも高くとぶ一片の可能性に賭ける程度には、楽観主義者でありたいと思う。

I

構造主義／ポスト構造主義のパースペクティヴ

第一章では、構造主義とポスト構造主義をひとつの一貫したパースペクティヴの中で論理的に再構成する。

第二章では、思想史をより広く俯瞰する視点に立ち、前章で得られた展望をそこから改めて位置付ける。

第一章　構造とその外部　あるいはEXCÈSの行方

——構造主義の復習とポスト構造主義の予習のためのノート

はじめにEXCÈSがあった。

この命題はすでにミスリーディングである。はじめにXがあったと言うとき、Xは何らかの実体としてイメージされるだろう。EXCÈSとは、しかし、そのような確実な原点なのではなく、むしろ、デリダのいう差延化（différance）の如きもの、従って、「EXCÈSが~~あった~~」という形でしかとらええぬものなのである。端的に言って、EXCÈSとはズレである。何からのズレか？　生きた自然の織りなす有機的秩序からの、である。

こう言うことがすでに重大な単純化を含んでいることは明白であろう。しかし、本章ではこの「ズレ」をとりあえずの出発点として仮設し、そこからいかなる帰結が導かれるかをシステマティックに追ってみることにしたい。

そこで、まずは、このズレを際立たせるために、生命の理想化された描像から出発することにしよう(1)。

(1) 本章の提示する生命像は、特定の視点から見た理念型にすぎず、多くの側面が捨象されているということを、強調しておかねばならない。また、人間も生物である以上、生命の世界と完全に断絶しているわけではないことも事実であるが、我々は生とのズレを確認した上で部分的な連続性を認める立場をとり、生との連続性を基本とした上でいくつかの飛躍を認める立場を退ける。その理由は本文を読めば明らかになるだろう。

1 ピュシス あるいは 生命の世界

エントロピーの増大による一様化・無秩序化に抗しつつ、「ネゲントロピーを食べる」(2) こと、即ち「エントロピーを捨てる」(3) ことによって秩序を維持している局所系。「エントロピーの大海の只中のネゲントロピーの小島」(4)。これが生命である。このことが意味するのは、生命が動的開放系であり、自らの構造と内外の諸過程を情報によって制御しているということに他ならない。遺伝情報に従って有機体の構造が形成され、有機体は環境をゲシュタルト的に構造化する。実際、アリストテレス以来の《質料―形相》図式を現代化して言えば、物質＝エネルギーが《もの》だとすると情報は《もの》の《かたち》、ゲシュタルト、空間的・時間的パターンなのであり、従って、生きることとは無秩序へと拡散していく《もの》の世界を《かたち》づけていくことに他ならず、その結果として環境は様々な《かたち》の織りなす生きた絵画、無機的世界を《地》とする生の《図》となるのである。それら《かたち》のひとつひとつは、生の《意味》を担っている。カエルはハエを見て捕食行動に移り、ヘビを見れば逃げるだろう。環境の諸要素は、有機体の生という目的に対してそれらがもつ促進的／阻害的——正機能的／逆機能的——な働きに応じて、機能的な《意味》を付与される。要するに、有益なものと有害なものとに塗り分けられるのである。

有機体の周囲に張りめぐらされている、そうした《かたち》と《意味》の網の目を、フォン・ユクスキュルは環境世界（Umwelt）と呼んだ。進化と適応の結果として、有機体と環境世界は見事な相互適応を示している。《かたち》と《意味》を媒介とするこの相互的・円環的統一については、すでに多くが語られており、あらためて詳論するには及ぶまい(5)。ここでは、各々の「種に固有の環境」としての環境世界が織り合わされ、全体として「共存のエコシステム」(6)が作り上げられていることを付け加えておけば十分である。このような生きた自然の秩序をピュシスと呼ぶことにしよう。

ここで、《方向》と《意味》を同時に表わすべく、サンス（sens）という語を導入する。

そのとき、無機的自然がサンスなき世界であるのに対し、有機的自然はサンスをもった世界だと言うことができるだろう。生命の誕生によって局所的な自己保存＝自己制御系が姿を現わすが、これは、一様化していく環境の只中にひとつの矢印が出現するようなものである。矢印の向きは生の方向＝目的性（finalite）によって一義的に確定されており、この矢印を参照基準として、無色透明だった世界が正逆の白黒二色にはっきり塗り分けられる。有機的自然は、「一方通行」と「一義的な意味」という二重の意味において、まさしくsens uniqueの世界なのである。

このようなサンスの原点としての有機体は、主体と呼ばれる資格を十分に備えている。実際、環境世界は、主体によって構成されたものとしての世界、主体が自らの周囲に張りめぐらす意味作用の網目にすくい取られた限りでの世界――現象学の描いてみせるような――の原型であり、有機体の生の方向＝目的性を示すあの矢印は、主体の《いま・ここ》を始源（origine）と終局＝目的（fin）の間に位置付ける直線的な歴史＝物語（histoire）――疎外論の語ってみせるような――の原型なのである。これは生命の世界への不当な「感情移入」だろうか？　それどころか、逆に、「主体」や「意味的世界」や「歴史＝物語」が、本来そうした仕組みをもたぬ人間の世界において、生命の世界の仕組みの類同代理物として事後的に構成されたものだったとしたら？

実際、人間はいつも何らかの形で、生命の世界、物言わぬ鳥や獣、草や木の世界に憧れてきた。有機体はエコシステムの一隅に所を得て、揺るがぬ足取りで定められた生の道筋を歩む。そうした道筋が絡まり合い、見事なポリフォニーを奏でる場、それがピュシスである。ピュシスは「ライプニッツが言う予定調和の世界のように、巧妙精緻に出来上がっている。そこでは、どんな種でも平等に生きる権利があり、逆に他を排除して自分だけが生き残ろうとすることは許されないような、自然の構造が出来上がっているのだ。善も悪もない、生命体の生活が全肯定されている世界である。」(7) 生はこの世界のコモン・センス――sensus communis――であり、それを分有した各々の有機体は、他の有機体とともに生き生きと――convivial に――生を営むことができる。生きた自然の織りなすこの透明な有機的秩序の中に回帰することができたら！

さまざまな形で何度となく口にされてきたこの願望は、しかし、決してかなえられることがない。楽園はつねに-すでに手の届かぬ所に去ってしまっている。なぜか？「はじめにEXCÈSがあった」からである。人間の出現とともに生の絵画に亀裂が走り、生のポリフォニーに耐え難い不協和音が突きささることになる。そして、すべてはその後から始まったのである。

(2) シュレディンガー『生命とは何か』岡・鎮目訳（岩波新書）。

（3）槌田敦「資源物理学の試み・I」『科学』一九七八年二月号。
（4）Michel Serres, *La distribution*, Minuit, p.263.
（5）特に、ヴァイツゼッカー『ゲシュタルトクライス』木村・浜中訳（みすず書房）及びメルロー＝ポンティ『行動の構造』滝浦・木田訳（みすず書房）を挙げておく。
（6）河合雅雄『森林がサルを生んだ』（平凡社）五一頁。
（7）同二三四頁。

2　カオス　あるいは　錯乱せる自然

生きた自然からのズレ、ピュシスからの追放。これこそ人間と社会の学の出発点である。人間はエコシステムの中に所を得て安らうことのできない欠陥生物であり、確定した生のサンスを持ち合わせない、言いかえれば、過剰なサンスを孕んでしまった、反自然的存在なのである。

「この時以来、理性《サピエンス》のヒトという、人の心を安心させる優しい概念にかくされた、人間の顔があらわれる。それは、微笑み、笑い、泣く、激しく不安定な情緒をそなえた存在であり、不安に満ちた苦悶する存在であり、享楽し、酔い、恍惚とし、暴力を振い、怒り、愛する存在であり、想像的なものに侵された存在であり、死を知りながらそれを信ずることのできない存在であり、神話と呪術を分泌する存在であり、精神と神々に憑かれた存在であり、幻影と空想で身を養う存在であり、客観的世界とのつながりが常に不確かな主観的存在であり、錯誤と彷徨に繋がれた存在であり、無秩序を産み出す過剰的《ユブリック》存在なのだ。そうして、幻想、過度、不安定、現実的なものと想像的なものとの不確かさ、主観的なものと客観的なものとの混同、錯誤、無秩序、そうしたもろもろの接合をわれわれが狂気と名づけるように、われわれはいま、ホモ・サピエンス〔理性のヒト〕を、ホモ・デメンス〔錯乱のヒト〕と見ざるを得ないのである。」(8)この、文字通り「不埒」な存在の出現をまってはじめて、過不足のない世界、生が肯定される世界、善も悪もない世界であったピュシスの只中に、過剰／欠如が、死と無と否定性が、善と悪が、噴出することになるのである。

sens unique の世界であったピュシスは、かくして、ありとあらゆるサンスの氾濫する多方向性＝多義性の領域、「相矛盾するサンスの無限の多様性の中でノンサンスが勝ち誇っている」(9)カオスへと変貌する。白と黒で明確に塗り分けられていた世界にありったけの絵具がぶちまけられ、目もあやな色彩の乱舞がくりひろげられることになろう。生のサンスを担っていた《かたち》(ゲシュタルト)は過剰なサンスを帯びて明滅する《像》(イマージュ)となり、相互的・円環的統一は崩れ去って鏡の地獄としての想像界(イマジネールの領域）(10)が立ち現われる。そこは、幻を追い求めて氾濫する暴力の領域に他ならない。ピュシスにあってしっかりと生の方向＝目的性を指し示していたあの矢印は、磁気嵐にあった羅針盤の如く狂ったように回転し、人間を、あるいは倒錯の性へ、あるいは際限のない殺戮へと誘う。全員が全員を犯し合い殺し合う無差別性（indifference）の混沌。これを自然ということはもはやできない。人間的自然（human nature）は錯乱せる自然であり不自然である。『自然に還れ』というのは、ルソーにとっては、文化は人間を不具にするが、自然状態は、全く素朴で正直で生気にみちた人間をさし示すということを意味していた。しかるに、今日のわれわれにとっては、逆に、人間のなかの自然状態は、カオスであり、見つめられたものを凍えさせてしまうメドゥサの首であるように思われる。」(11)文化の《栄光》は、このようなカオスの《悲惨》から出発してはじめて理解されるだろう。人間がホモ・サピエンスでありアニマル・シンボリクムであるのは、彼がそもそもホモ・デメンスだからなのである。このような「野獣の光学」(12)をおいて、人間と社会の学の出発点はない。こうした見方は、すでにさまざまな形で予見されてきた。ここでは、シェーラーやプレスナーからゲーレンに至る人間学(13)、フロイトやラカンの精神分析(14)、ケストラーやモランのメタ生物学の三つの流れに、簡単に言及しておこう。

フォン・ユクスキュルの示した、有機体と環境世界の相互的・円環的統一というヴィジョン。これを人間の世界にもあてはめることの拒否から、人間学が始まったと言ってもいいだろう。シェーラーは、有機体が環境世界被拘束性（Umweltgebundenheit）を特徴とするのに対し、固有の環境世界をもたない人間は世界開放性（Weltoffenheit）を特徴とするという定式化を行ない、プレスナーは、環境世界の原点に安住している有機体を中心的（konzentrisch）、中心からズレてしまい自己との間にすら距離をもたずにはいられない人間を離心的（exzentrisch）と呼んで、そこから各々の人間学を展開したのである。特に、シェーラーが人間を「おのれの衝動不満足が衝動満足を超過してたえず過剰であるような（精神的）存在者」(15)（傍点・括弧は原文のまま）と呼んでいるのは興味深い。この延長上に、衝動過剰（Triebüberschuss）と、社会制度を通じたその回路付けによる負担免除（Entlastung）を中核とするゲーレンの人間学があることは、よく知られた通りである。

ここで衝動と呼んだものは正確に言うと何なのか。ここの問いに答えるためには、人間学と遠からぬ所から出発し、遥か先まで到達した精神分析に、目を移した方がいいだろう。そこでは、有機体と人間との対比は、Instinkt／Trieb ないし instinct／pulsion の対比に集約される。最近の慣例に従って、これに本能／欲動という訳語をあてよう。本能という語は、有機体を生のサンスにかなった行動に導くガイドとして機能する内的な情報機構を指し示している。これに対して、過剰なサンスを孕むことによって錯乱してしまった本能が欲動である。例えば、性本能が種の保存のために、「正しい」相手に対する、時宜にかなった、「正しい」性行動を導くのに対し、性欲動は時と場所を選ばずありとあらゆる対象に向かって炸裂する。フロイトが喝破した通り、本来、人間は多形倒錯なのである。「正しい」異性愛のパターンが社会制度として課されねばならないのは、まさにこのためである。また、攻撃本能が適当なシグナルによって解除され、同類の無用の殺し合いが避けられるのに対し、攻撃欲動は見境なしに発動され、恐るべきジェノサイドを現出する。人間の歴史はまさしく血塗られた歴史であり、いかなる社会的規制も、より大きな暴力をもたらしこそすれ、永続的な平和を築くことができなかったというのは、周知の事実である。

自然からのこのようなズレは、一体どうして生じたのだろうか。最近援用されることの多いボルクのネオテニー（幼態成熟）説やポルトマンの早産説が重要なポイントのひとつを突いていることは疑いない。彼らの理論とシェーラーやゲーレンの人間学との相互関連はよく知られているが、精神分析家ラカンもまたボルクを援用しつつ、「胎児化」による「発達のおくれの結果」として「視知覚の早すぎる成熟がその機能的さきどりの価値をもつ」(16)という事実を根拠に、先に「鏡の地獄」と呼んだ鏡像段階の理論を展開していることを付け加えておこう。

しかし、ネオテニーはひとつの契機ではあっても唯一の原因ではない。ホミニゼーション（人間化）は多くの契機から成る多元的プロセスとしてとらえられねばならないだろう。そして、そのプロセスの「震央」と目されるべきは、脳の「爆発的進化」（ケストラー）であり、その結果としての、大脳の「超複雑性」（モラン）である。実際、ノイロンの膨大な数とシナプスの恐るべき錯綜ぶりは、コンピューター時代にあってなお驚異の的であり、しかも、かなり未完成な状態で誕生を迎えるため、多くのシナプスが後から形成されるという事情が、それに加わるのである。これらは、進化の現段階において出現した全く新しい現象である。

　元来、エントロピーを増大させる環境の中で局所的な秩序を維持していく存在である生物が、情報による制御の高次化という道を辿るのは当然であった。このプロセスは、頭化（céphalisation）ないし頭脳化（cérébralisation）、即ち、神経系の階層的樹状《トゥリー》構造と中枢の形成という形をとった。目的性に対し機能分担のハイアラーキーで応ずるという、極めて一般的な解決である。ところが、このプロセスが極限的に進行するとき、いわば情報の過剰が生み出され、それらの情報は本来の目的を離れて空回りし始める。レヴィ＝ストロース風に言えば、浮遊する情報群（informations flottantes）の洪水が出現するのである。生の方向＝目的性によって要請された樹状《トゥリー》構造の高次化過程としての頭化は、その極限において、シナプスの横断的な網目状連結（リゾーム！）（17）に基づく「無頭」（acéphale）のカオスを生み出す。進化における最大の逆説。今や、この「焼けつく大頭」の中では「屋内の火災」が猛威をふるっている(18)。それこそ、あのEXCÈSの最初の姿ではないだろうか？

かつて、テイヤール・ド・シャルダンは、生命の世界から人間の世界への移行を生物圏(biosphère)から精神圏(noosphère)への発展としてとらえ、後者を前者の茎の上に咲いた大輪の花として描いた。今や我々の目にはこの花の畸形性が明らかになっている。テイヤールの花をバタイユの手つきで握りつぶすこと。そのとき現われるカオスの上にいかにして文化の秩序が形成されるか？　これが次の問題である。

(8) モラン『失われた範列』古田訳(法政大学出版局)一四四頁。なお、モランは、社会史だけではなく全自然史を、カオスを軸として体系的に把握しようとする方向にむかったが、人間をすぐれてホモ・デメンスとみなす立場は捨てていない。*La méthode, 2, La vie de la vie,* Seuil, p.421 を見よ。

(9) ジラール『暴力と聖なるもの』古田訳(法政大学出版局)一二八頁。

(10) これは勿論ラカンの用語である。なお、「想像界」という訳語は、主体の想像力といった人間主義的な概念と結びつきやすいので、望ましくない。むしろ、「鏡像界」とでもすべきところであろう。

(11) ゲーレン『人間学の探究』亀井・滝浦他訳(紀伊國屋書店)一六二頁。

(12) 竹内芳郎『文化の理論のために』(岩波書店)二二七頁。

(13) 言うまでもなく、我々は人間学と前提を共有しこそすれ、決して結論を共有することはない。なお、この種の人間学、殊にゲーレンのそれが、バーガー＝ルックマンの社会学の重要な基礎となっていることに注意しておく。

(14) ここでは扱わないが、精神分析の系列では岸田秀の《唯幻論》もことのほか明快である。

(15) シェーラー「宇宙における人間の地位」亀井・山本訳『シェーラー著作集・13』(白水社)五六頁。

(16)「心的因果性について」宮本訳『エクリ・I』(弘文堂)二五〇頁。

(17) ドゥルーズ＝ガタリの『リゾーム』を読んで脳の神経組織を思い浮かべずにいることは難しい。彼ら自身、『リゾーム』を『ミル・プラトー』に収録するにあたって新たに付け加えた部分で、このことに触れている。Gilles Deleuze et Félix Guattari, *Mille Plateaux*, Minuit, p.24. また、柄谷行人も同じような着想を述べている。「対話・ソシュールと現代」『現代思想』一九八〇年一〇月号一六七頁。

(18) バタイユ「松毬の眼」生田訳『バタイユ著作集・第一巻』(二見書房) 二二一頁。

3　象徴秩序　恣意性・差異性・共時性

自然の秩序たるピュシスからはみ出し、カオスの中に投げ込まれた人間は、そこに文化の秩序を打ち立てねばならない。「自然の秩序は、はるかに強力に、ホメオスタシス、調整作用、プログラム化によって支配されている。人間の秩序こそが、無秩序の星 (désastre?)

の下に展開されるのである。」(19)（括弧内引用者）この文化の秩序が必然的に、恣意的・差異的・共時的な構造、即ち象徴秩序という形をとることを明らかにしたのは、構造主義の最大の功績である。ここで簡単にその復習を試みることにしよう。

　有機体は「種に固有の環境」としての環境世界をもっている。ところが、人間は種としての生物学的確定性を持ち合わせていない。ピュシスからのズレは「人類目という新しい目《もく》を誕生させた」(20)とすら言えるのであり、そこから文化的・社会的な放散をへて『擬種』（エリクソン）に固有の環境」としてのさまざまな文化の秩序が、ピュシスの決して完全たりえぬ代替物として、生み出されてくるのである。このことの重大な帰結は、文化の秩序の根源的な恣意性である。勿論、文化の中に生まれ育つ人間にとって、文化の秩序は、当面、絶対の必然性をもって立ち現われる。文化の秩序の存立根拠へと遡行することによってはじめて恣意性が見出されるのである。カオスに投げ込まれた人間は、ピュシスに代わりうるような何らかの秩序を構成することなしには生きられず、その意味で文化の秩序は不可欠であるが、文化の秩序がある特定の形をとる根拠を問うならば、そこにはピュシスにおけるような必然性はなく、根源的な恣意性に突き当たらざるをえない。恣意性の上に構築されるが、ひとたび打ち立てられるや内部の人々の目には自明な必然性を帯びて立ち現われるという二重の意味において、文化の秩序は「恣意性の制限」(21)であり、

「恣意性の制度化」(22)であると言うことができるだろう。

恣意性の帰結は、文化の秩序が差異的（示差的）な構造をもつということである。「恣意性と差異性は、二つの相関的特性である。」(23)なぜか？　必然性を備えた秩序と比較してみれば明らかであろう。そこでは、各要素は固有の自己同一性をもってポジティヴに存立し、自己原因的（per se）に他の要素と結びつく。これを座席指定券をもった旅客にたとえるならば、恣意的な秩序の要素は空席待ちの旅客にあたる。必然的な位置付けを持たぬ彼は、他の席がすべて埋まったあと、自らの位置をネガティヴな形で見出すにすぎない。あるいは、各要素は、常に、完成間近なジグソー・パズルの最後の一片なのだとも言えよう。こうした比喩すら、しかし、不十分である。要素をひとつ取り出そうにも、ポジティヴな自己同一性を備えた要素など、どこにもありはしない。各要素は他の諸要素と異なる何ものかであるにすぎず、その意味で「対立的・相対的・消極的な実体」(24)である、というよりもむしろ、それは差異の束であり「関係の結節点」なのである。恣意性のカオスにおける過剰なサンスを、高次元の差異の網目の交点において、象徴的な意味《サンス》として結晶させること。これこそ、象徴秩序の戦略である。各要素が析出されてくるのは、こうした位置の体系を事後的に物象化するときにすぎない。「構造主義の科学的野心は数量的なものではなくて、トポロジックであり関係的なものである。」(25)ここで「トポロジー」

が「トポス（場所）の学」の謂であることは付け加えるまでもない。

すでに明らかになりつつあるが、差異性の帰結は、構造が共時的な形で一挙に与えられねばならないということである。丸山圭三郎の卓抜な比喩（26）を借りて言えば、同一性の体系を構成するのが箱に饅頭をつめるようなものだとすると、差異性の体系を構成するのは箱に風船をつめるようなものである。前者の場合は饅頭を一個ずつ入れていけばいいのだが、後者の場合はすべての風船をうまく一度に押し込まなければならない。相互の斥力だけが構造を形作っているのだから、風船ひとつ取り出しただけでも全体の布置がズレて全く別の構造が出現してしまうのである。恣意性の上に構成され、従って差異的な構造をもつ文化の秩序は、つねに－すでに完結したもの、一挙に与えられた共時的な体系としてしか、存立しえない。

このような恣意的・差異的・共時的構造の概念は構造言語学によってはじめて明確に呈示され、それによってピュシスにおけるのとは全く異なった性格をもつ《意味》の世界を分析することが可能になったのであった。確認を兼ねて、もう少し具体的にその内実を検討しておこう。

ピュシスにおいて、環境世界の諸要素は、生のサンスに即するものか逆らうものかに応じて、白黒にはっきりと塗り分けられるのだったが、我々はこれを機能的（functional）な意味付与と呼んだ。例えば、鮮かな赤で身を飾った毒キノコも、そこでは逆機能的な要素として「有毒」というレッテルをはられておしまいである。ところが、人間の世界においては、その上に「妖しい美しさ」「気味の悪さ」あるいは「悪の化身」等々といった象徴的（symbolic）な意味が塗り重ねられ明滅することになる。人間は常に、単なるそれ以上の或るもの（etwas Mehr）を見てとらずにはいないのである。

機能的な意味の担い手をシグナル、象徴的な意味の担い手をシンボルと呼ぼう。ソシュールが後者をシーニュと呼んでおり、彼のいうサンボルはむしろ前者に近いということに注意しておく。シグナルとそれが指し示すものとの関係は、因果的ないし相関的であり、その意味で必然性を帯びている。警戒の叫びと差し迫った危険との関係がその例であるが、この関係は一義的・直線的な形で前もって環境世界の中に刻み込まれている。他方、シンボルとしての「危険」という語は、自立的な辞項として自己原因的に危険へと回付されるわけではない。シンボルの総体が作っている構造を経由することが不可欠になるのである。

まず、薄いけれども限りなく広い二枚のカンテンが重なっているものとしよう。上のカンテンは人間が聴取しうる聴覚イメージの連続体、下のカンテンは人間が知覚しうる世界像の連続体に対応している。今、同じく無限に広い金網でカンテンを押し切ったとしよう。この分節化によって生ずる小さなカンテンのペアが、シニフィアンとシニフィエの結合としてのシンボル――ソシュールのいうシーニュ――に他ならない。ここで、二重の恣意性に注意しよう。金網の網目の形には何ら必然性がない。カンテンの重なり具合についても同様である(27)。このために、差異的な規定しかできなくなる、つまり、先の例で言えば、危険は安全でないからはじめて危険なのであり、「キケン」は、例えば「イケン」や「シケン」でないからはじめて危険を指し示すのである。従って、すでに述べた通り、体系が一挙に与えられる必要があり、それゆえに、金網で一度に押し切るのでなければならないのである。以上が、二重分節を特質とする言語における、恣意的・差異的・共時的構造としてのラングのあり方に他ならない。

ソシュールが言語において見出したこのような構造は、レヴィ=ストロースによって文化の秩序一般に拡張された。実際、言語こそは恣意性のカオスに投げ込まれた人間がそれを整序すべく作り上げた最後の手段なのであり、また、カオスという条件を逆手にとった見事な構造をそなえたものであると言えよう。文化の秩序は、言語によって、言語を通じて、言語として、構成される。このような形で文化の秩序をとらえるとき、それを象徴秩序(ordre symbolique)と呼ぼう。

ここで、レヴィ=ストロースが、象徴秩序におけるシンボル自体の布置というレベルにおいて再び二つの系列とその対応という仕組み――「二系列同時並置の法則」(28)――

を見出していることを付け加えておく。二つの系列とは、人間の知覚する限りでの自然の系列と社会の系列である。これらは各々、差異性の体系として分節化されているわけであるが、その間に全体としてメタフォリックな対応が成り立つとき、それをトーテミスムという。我々はこれをコスモス－ノモス構造と呼ぶ誘惑を感ぜずにはいられない。コスモスは、人間の知覚する自然の秩序である限り本来恣意的なものであるが、人間の知覚する社会の秩序であるノモスが身近な所にあって変動にさらされやすいのに比べると、遥かに安定性が高いと考えられる。そのとき、コスモスは「聖なる天蓋」(29)となってメタフォリックな対応によりノモスを支え、象徴秩序全体の安定化に寄与することになろう。

この節を閉じるにあたり、括弧を開いて、エピステモロジックな確認を行なっておきたい。ここまでで明らかな通り、象徴秩序の構造を語ることは、差異を語ることであり、切断や分節化を語ることである。そこにおける死の不連続は、ピュシスにおける生の連続とは全く異質である。ピュシスの連続的秩序が転倒されてカオスの超連続的無秩序となったとき不連続な秩序が要請されたと言えば、実情に近いのではなかろうか。従って、構造主義が明らかにした《構造》が、物理的世界や生物的世界において見出されてきたシステムとは違う、新しい種類のシステムであることを、はっきりと確認しておく必要がある。《構造》がアトムの集積としての「系」とは異なった次元に属していることは言うまでもない。さらに、それは生の世界における有機体やゲシュタルトとも異質である。レヴィ＝ストロースをはじめとする多くの人々が構造主義とゲシュタルト理論の類縁性を云々しているにもかかわらず、我々はドゥルーズにならって、《構造》は「形態に関係がない」(30)と断じなければならない。以上の区別をはっきりさせるため、三つの理念型を呈示しよう。

〈1〉要素は自立的存在であり、事後的に一括されて加算的集合体を形成する。

〈2〉要素は有機的な全体の中に緊密に織り込まれ、全体の一分肢としての性格を受け取る。試験管内の細胞のふるまいが生体内のそれと異なるように、部分のあり方(Wie-sein)は全体に依存する。そればかりか、一般に細胞が生体外では単独で生きられないように、部分の存在・非存在(Daß-sein)そのものが全体によって規定される。

〈3〉要素は、と言おうとするとき、試験管内の細胞にあたるものすらないことに気付かざるをえない。といって、実体的な全体もまた存在しない。あるのは差異の共時的体系のみである。

いわゆる構造主義的方法が類型〈3〉を対象とするものであることを確認した上で、括弧を閉じよう。

(19) モラン、前掲書、一四三頁。
(20) 河合雅雄、前掲書、六二頁。
(21) ソシュール『一般言語学講義』小林英夫訳（岩波書店）一八四頁。
(22) グー「貨幣の考古学」拙訳『現代思想』一九八一年八月号二三八頁。
(23) ソシュール、前掲書、一六五頁。なお、同書一五九頁で、相対性つまりは差異性から恣意性が演繹されるかのように書かれているのは、編者らによる論理の逆転である。丸山圭三郎「ソシュールにおけるパロールの概念」『現代思想』一九七三年一〇月号七三頁を見よ。そのほか、恣意性・差異性・共時性に関する正確な理解のためには、丸山圭三郎『ソシュールの思想』（岩波書店）の極めて明晰な記述を参照すべきである。
(24) ソシュール、前掲書、一六六頁。
(25) ドゥルーズ「構造主義はなぜそう呼ばれるのか」（以下「構造主義」と略す。）中村訳『シャトレ哲学史Ⅷ・二十世紀の哲学』（白水社）三三九頁。この論文は、構造主義一般についての、恐るべくシャープでコンパクトな記述であり、是非とも参照されるべきものである。
(26) 「言語学の現在」『現代思想』一九八〇年四月号一三八頁。
(27) 丸山圭三郎は、前者を「シーニュの恣意性」、後者を「シニフィアンの恣意性」と呼んでいる。「ソシュール研究ノート」『現代思想』一九七五年六月号一三〇頁。
(28) Gilles Deleuze, *Logique du sens*, Minuit, p.51.（以下LSと略す。）
(29) バーガー『聖なる天蓋』薗田訳（新曜社）。
(30) ドゥルーズ「構造主義」三三七頁。

4　間奏曲

「恣意性の制限」として構築される象徴秩序の構造が大体明らかになってきたところで、当然、ひとつの重大な疑問に行き当たらざるをえない。あのEXCÈS、あのカオスは、すべて象徴秩序のうちに回収されてしまったのだろうか？　答は言うまでもなく否である。未だ象徴秩序に包摂されざる部分が常に残っている。しかし、ピュシスの代替物として構成される象徴秩序は、ある意味で当然の成行きとして、自らの恣意性・人為性を隠蔽すべく己が生成過程（Genesis）を消去し、万古不易の自然であるかのように装う。あの恐るべきカオスの記憶、「あらゆる共同体の企てに洪水を引き入れかねない大いなる生の宇宙の記憶（mémoire bio-cosmique）」（31）は、是が非でも抑圧されねばならない。かくして、部分にすぎない象徴秩序がその外部を隠蔽しつつ全体を僭称するに至るのである。これこそイデオロギーの原基形態ではなかったか？

　しかも、注意を要するのは、完結した共時的構造の分析たることを本質的要件とする構造主義的分析が、しばしば、外部に残されたEXCÈSの領域を無視し、あるいは視野の片隅に追いやることで、象徴秩序のイデオロギーに加担する結果を生んできたことである。

剰え、「共時的」と「静的・不変的」とが不用意に等置されることも、珍しくない。こうした事情をふり返りつつ、バルトは次のように述べる。「構造主義は、発見手続きとしてどれほど価値があったにせよ、ついにEXCÈSを体系に組み入れることができなかった。」(32)とすると、我々は構造主義を超えなければならない。構造主義が象徴秩序に閉じこもるとき我々はその外部を注視し続けねばならず、構造主義が「つねに-すでに」という語を口にするとき我々は「未だ-ない」と答えねばならない。

この道は、最終的には、人をデリダやドゥルーズの理論的実践へと導かずにはいない。そこでは、完結した共時的構造という概念そのものが脱-構築(dé-construire)されることになろう。けれども、一足飛びにそこまで行く前に、我々は、象徴秩序とその外部との相互作用というプロブレマティックを検討しておく必要がある。完結した共時的構造の存在は一応認めた上で、それが外部をもち、外部との相互作用のうちにあるという点を強調すること。そのために、当面、図1(33)に示したような枠組みを採用しよう。但し、ひとつ確認しておくべきことがある。

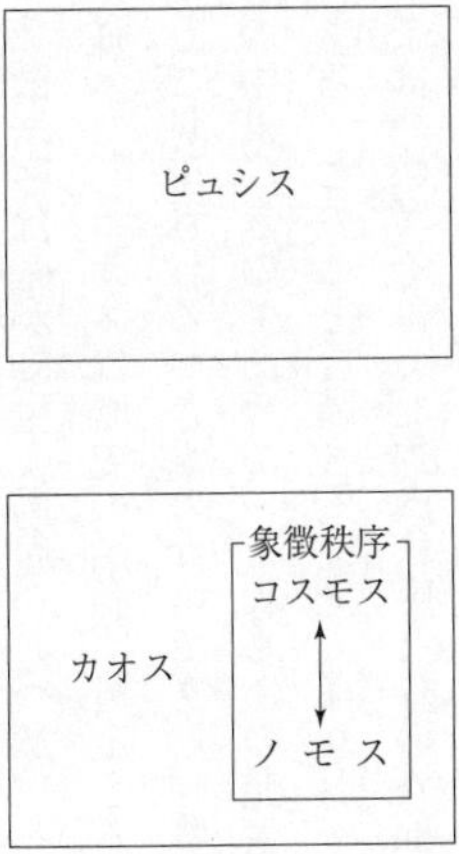

図1

象徴秩序は確かに生成過程をもつが、それは時間の流れに沿った歴史（Historie）ではない。従って、カオスは歴史の始源に措定さるべきものではなく、そのつど、象徴秩序から遡行して見出されるべきものなのである。我々はつねに－すでに《象徴秩序－カオス》複合体の中にいるのであって、これまでの発生論的記述はすべてこの観点からとらえ返す必要がある。このことを踏まえた上で繰り返そう、我々はつねに－すでに象徴秩序の中にいるのではない。そこで、象徴秩序とその外部との相互作用を分析する準備として、象徴秩序を維持するための常時の活動を洗い出し、その活動の根拠へと論理的に遡行することによって、構造がつねに－すでに今のような形で存立していたのではないこと、構造は生成過程をもつのだということを論証する所から出発せねばならない。

（31） Gilles Deleuze et Félix Guattari, *L'Anti-Œdipe*, Minuit, p. 225.（以下ＡＯと略す。）
（32） Préface à: Lucette Finas, *Le bruit d'Iris*, Flammarion, p. 9.
（33） 上野千鶴子もこれとよく似た図式を提出している。「カオス・コスモス・ノモス」『思想』一九七七年一〇月号一〇八頁。なお、この図を文字通りにとって、「象徴秩序の外部」というのが空間的な意味における外部だと考えてはならない。それはあくまでも、象徴秩序の網の目からこぼれおちる部分を指す表現であり、その部分が空間的な外部にあることを何ら意味するものではない。

5　交換と《贈与の一撃》

5-1　交換体系

象徴秩序は絶えず再生産されねばならない。このことがすでに、それが「自然」な秩序ではないことの証である。ピュシスが、いわば自然の中に書き込まれたシナリオをもつのに対し、それをもたない象徴秩序は、絶えざる反復的再上演によって急ごしらえのシナリオを再確認し続けるほかない。それは何によって行なわれるのか？　言うまでもなく、交換ないしコミュニケーションによってである。実際、言語がコミュニケーションの体系である以上、象徴秩序が言語として構成されるということがすでに、それがコトバの交換に基礎を置く秩序であることを含意していたと言えるだろう。さらに、レヴィ＝ストロースとラカンは、言語的交換とパラレルな形で、近親相姦の禁止＝女の交換を、文化の秩序の基底に見出す。これらを物財の交換と併せ、象徴秩序をコトバ・ヒト・モノの三重の交換体系として分析すること。これが構造主義のプログラムである(34)。我々はこの三者の並列に重大な疑問をもつものではあるが、当面、このプログラムに沿って話を進めよう。

なお、ここまででわかる通り、交換という語は広く相互的関係行為一般を指して用いられていることを確認しておく。

まず、象徴秩序において交換が第一義的な重要性をもつことを、改めて強調しておきたい。ピュシスにおける機能的な意味付与＝価値評価は、一般に、一個の有機体と一個の対象の間で確定しうる。ところが、象徴秩序における象徴的な意味ないし価値は、対象間の関係の総体が織りなす構造の中ではじめて決定されるのであり、対象が社会的な仕方で相互に関係付けられることによって絶えず再確認されねばならない。実際、象徴的な意味や価値が本来恣意的なものであるとは言え、というよりも、そうであるからこそ、ここでは一個の主体が独自の意味付与や価値評価に固執しても文字通り「意味をなさない」のである。このような社会的交換関係の網の目を事後的に物象化することによってはじめて、個々の対象の同一性や固有の意味・価値・性質が現われる。してみると、交換なくして象徴秩序は形を成さないと言わねばならないだろう。

交換関係がこうした第一義的重要性をもつという事態は、ピュシスにおいては考えられない。「動物は何ものとも『関係』せず、そもそも関係しない。動物にとっては他のものと関わる彼の関係は関係としては実存しない。」(35) ところが、象徴秩序においては、個々の主体の自己同一性そのものが、交換関係に参与することを通じて形成され確証されるのである。そもそも、デカルトの《普遍的コギト》自体、その現代版であるチョムスキーの《アイディアル・スピーカー＝リスナー》についてみればすぐわかる通り、コミュニケーションの結果として生ずる定型的な主体として自然に理解されうるし、また、そうさるべきものと言えよう。彼らのいう《ボン・サンス》や《コンピテンス》は、その提唱者達のように文化の恣意性と多様性に対して目をつぶり、強引に生得的能力に仕立て上げるべき筋合いのものではない。それらは、内面に宿った先験的な実体ではなく、内面に実体化された社会的諸関係なのである。「人間的本質（Wesen）は個々の個人に内在する抽象的存在ではない。その現実性においては、それは社会的諸関係の総体である。」(36)

ここで当然、ひとつの疑問が生ずる。主体は、このようにして、定型的な関係の束、構造の担い手（Träger）へと還元しつくせるものなのか？　代名詞のシフターとしての運動に従って、《私》－《あなた》－《彼／彼女》と過不足なくシフトしていけるものなのか？　答は言うまでもなく否である。といってEXCÈSを出発点ならざる出発点とする我々は、象徴秩序の外、交換関係以前に、生きた直接体験の主体としての自我などという「原点」を見出して安心するわけにもいかない。構造の永久独裁を拒否し、しかも、主体の至上権を否認し続けるとき、我々はどこに導かれるのだろうか？　この問いに答えるためにも、交換の閉域を脱け出すことが先決問題となる。

(34)　レヴィ＝ストロース「民族学における構造の観念」川田訳『構造人類学』（みすず書房）三二

五頁。
(35) マルクス＝エンゲルス『ドイツ・イデオロギー』廣松編訳（河出書房新社）二八頁。
(36) マルクス「フォイエルバッハに関するテーゼ」大月版全集第三巻四頁。

5-2 交換の閉域

交換の閉域とは何か？ それは、前節で述べた、象徴秩序を絶対化しようとするイデオロギーの、ひとつの表われである。象徴秩序が交換体系として維持されている以上、そのイデオロギーは、交換の起源を問う者に対して、交換はつねに-すでに始まっていたのだ、万古の昔からコード破りひとつなく続いてきたのだという神話で答えずにはいられないのである。交換関係の総体は裂け目のない織物となってすべてを包み込み、人を外部の忘却へと誘う。しかし、ここで問わねばならない、例えば、人がかくも熱心に言葉をとり交し合って止まないのは、背後にさし迫った沈黙の深淵を忘れるためではなかったか？ この視点から振り返るなら、交換体系の存立は決して自明なものではなくなると言えよう。我々は交換体系の起源へと遡り、その存立根拠を究明せねばならない。

象徴秩序のイデオロギーは、しかし、ここでもまだ人を束縛しようとする。真に象徴秩序の外部を経由することなく、その成立を説明すること。そのために今度語られることになる神話は、「象徴秩序は自然に成立した」というものである。現象学が他者の問題、間主観性の問題と直面するときに行なわれる説明が、その典型と言えるだろう。現象学的主体は、当初、世界を、自己を中心とする感覚＝運動的パースペクティヴとして構成している。この主体が、他の主体との触れ合いの中で、他の主体もまた独自のパースペクティヴの中心であることを感知するとき、パースペクティヴの交換が可能になる。この交換は知性的操作たるにとどまらず、「他人《ひと》の身になってみる」という表現の示す通り、身体的水準にまで及ぶ。元来、身体はすぐれて、能動＝受動の両義性の場としてとらえられるのであるが、合掌する右手と左手に見られるようなこの両義性は、握手する自分の手と相手の手の両義性へと、自然に拡張されるだろう。このようにして、パースペクティヴの相互交換は、間身体性に根ざした間主観性の場を構成する。この相互的な場が自然に平面的展開をとげるとき成立する共同主観的構造こそ、象徴秩序に他ならない。「そこにおいて、中心‐周辺的構造をもった環境世界（Umwelt）は……万人に対して妥当する間主観的な世界（Welt）へと自らを編成し直し、さらに言語ゲームの包括的地平としての『話題領域』（universe of discourse）へと構造化されていくのである。」(37)

　このストーリーは、いささかうまく出来すぎている。二者間の相互的・円環的調和と、その平面的展開。自然な運びのうちにすべてが終わる。しかし、相互的・円環的調和から出発することは、果たして可能なのだろうか？　確かに、ピュシスにおいては、生のサンスを担ったゲシュタルトを媒介とする、相互的・円環的統一を見ることができた。けれども、人間の場合、ゲシュタルトの世界は錯乱を孕んだイマージュの世界——想像界に転化してしまっている。そこでの相互性は極端な不調和を特徴としていたのではなかったか？ゲシュタルトを媒介とする相互性の例として、ある種の動物の親子の給餌行動や、ラカンが挙げている雌雄の交尾行動（38）を考えることができるだろう。一方が相手の形態や動作に触発されて特定の行動をとると、他方がそれに触発されて反応する。対の関係は、ここでは極めて対称的・即時的である。一方、イマージュを媒介とする相互性の典型は、言うまでもなく、幼児と鏡——そして鏡像としての他者たち——との関係である（39）。一方には、あらゆる意味における「不能性」を背負わされた幼児、全体的統制がとれず欲動のざわめきに突き動かされるがままの哀れな肉塊、他方には「理想的な一体性であり救いのイマーゴでもある」（40）（傍点は原文のまま）まとまりのとれた統一像。ここには圧倒的な非対称性があり、ストーリーは「不十分さから先取りへと急転する」（41）ことを余儀なくされる。ゲシュタルトの世界における円環にかえて、シーソー（bascule）（42）という比喩が持ち出されるのは、このために他ならない。そのようにして不安定に揺れ動く相互性。ピュシスという安定した場における相互性とは対蹠的な、カオスにおける相互性。これこそが分析の出発点とされなければならない。その場合には、相互関係を安定させるために、媒介もしくは共通の場を改めて構成することが必要になってくる。その過程を分析することによってはじめて、錯乱せる自然としての想像界の上に築かれる象徴秩序の生成過程を明らかにしうるのではなかったか？

その分析に入る前に、相互性とその平面的展開というプロブレマティックを今少し問題にしておこう。言うまでもなく、このプロブレマティックは、サルトル的な唯我論の袋小路からの脱出路として呈示されたものであり、それを最も遠くまで追求したのはメルロー＝ポンティであった(43)。サルトルの場合、主体が他者たちと出会う平面は、見るか見られるかの死闘の場である。この死闘は限りなく続き、決して解決されることがない。性交すら、いわばメドゥサ同士の絡み合いという様相を呈するのである。けれども、ここで敢えて言えば、この地獄を見詰め続けたサルトルの方が、殆ど宗教的とも言うべき予定調和へと走ったメルロー＝ポンティよりも、ずっと社会に近い所にいるのではなかろうか？そして他方、メルロー＝ポンティが探し求めているのが幻の生の世界なのだとしたら？主体と他者の分立の背後にある間主観性＝間身体性の世界の有機的な統一を、また同時に、主体と自然とが展開する殆どエロティックとも言うべき「絡み合い」を、メルロー＝ポンティの豊麗な散文は、「両義性」「可逆性」「相互侵入」「キャヤスム」といった用語をちりばめながら、詩的にうたい上げる。このとき彼の脳裏にあるのは、有機体と有機体、有機体と環境世界との connaissance ――「クローデルの意味における co-naissance（共に生まれること）」(44)――の世界、あの豊饒な生の世界ではなかったか？ そして、「はじめにEXCÈSがあった」以上、それは夢の国にすぎない。

この夢は、我々が象徴秩序ではなくピュシスの中にいるのだと錯覚させるイデオロギーの効果である。それは象徴秩序のイデオロギーのひとつのヴァリアントだと言っていいだろう。メルロー＝ポンティばかりでなく、象徴的なものを生との連続において語ろうとするすべての論者、例えば、バシュラールやユングもまた、同じ夢の中にいる。幸福な、しかし、どこか芝居の書き割りめいた世界。そこに安住しうる感性を「凡庸さ」と呼ばぬわけにはいかないだろう。その最大の徴候は、彼らの芸術論のつまらなさである。素朴な感嘆をこめてイマージュを語るとき、その実、彼らはゲシュタルトを崇拝しているにすぎない。むしろ、イマージュとは、「イマージュの震動、揺れ動き、不安定にゆらめくものの戦慄」を語り「イマージュはたえずそれ自体から外に出る」と書いたブランショ(45)、それをうけて「イマージュの内奥にほかならぬあの『外』」を見詰め「鏡の暗く危険な魅惑」とたわむれ続けた宮川淳のように、あるいは、「だからあらゆる絵画は／ナイフで裂かれた次元をもつ」と断じた吉岡実のように、語るべき対象なのである。付言しておけば、象徴秩序の不易性というもともとの形のイデオロギーも、人の感性を鈍磨させる。象徴秩序をスタティックな構造としてとらえ、野の花を嘆賞するようにしてその《かたち》を愛でるレヴィ＝ストロース。彼の芸術論は、人を安心させこそすれ、戦慄させることはない。勿論、レヴィ＝ストロース、そしてとりわけ、メルロー＝ポンティやバシュラールの中に息づいているものこそ、豊かな自然に育まれたフランス精神の精髄だということは、否定すべくもない。サント＝ヴィクトワール山を前に沈思黙考するセザンヌ＝メルロー＝ポンティ。柳の木の下で水の面の水蓮と交感するモネ＝バシュラール。外部をもたぬ完全なイマジネールの王国。カオスに背を向けたエピクロスの園。そして、これほど社会から遠い場所はない。夢の世界の幸福を捨てて本論に戻ろう。そのとき、水平な相互性のひろがりを切り裂いて、超越性の軸が垂直にそそり立つことになる。

(37) 野家啓一「ホモ・シグニフィカンスとしての身体」『理想』一九七九年六月号四八頁。これは極めて明快な、すぐれた論文である。
(38) Jacques Lacan, *Le séminaire, livre I*, Seuil, p. 158.（以下SⅠと略す。）
(39) 成人の男女が象徴秩序の外で出会うことがあるとすれば、同じことが生ずるだろう。詳しくは第三章を見られたい。
(40) ラカン「精神分析における攻撃性」高橋訳『エクリ・Ⅰ』（弘文堂）一五二頁。
(41) ラカン「〈わたし〉の機能を形成するものとしての鏡像段階」宮本訳　同一二九頁。
(42) ラカン　SⅠ　一八五頁。なお、この部分は坂部恵によって紹介されている。「水鏡と姿なき声」『エピステーメー』一九七七年八月号及び「人称的世界の論理学のための素描」『講座・現代の哲学・2・人称的世界』所収。

(43) ここでとり上げるのは、言うまでもなく、『存在と無』のサルトルである。また、先の記述が自己中心性から出発する点でピアジェ寄りであるのに対し、メルロー＝ポンティはむしろワロンに近く、最初に自他未分の根源的脱自態を想定している点に注意しておく。なお、以下の記述でメルロー＝ポンティが幸福な楽観主義者であるかのような印象を受けるとすれば、それは全くの誤りである。サルトルは、メルロー＝ポンティが母と一体となった余りにも幸福な幼年時代を送ったこと、それが過ぎ去って二度と戻らないのを痛切に意識していたことを指摘している。彼に美しい夢を紡がせたのがその鋭い喪失感だったとしたらどうだろうか？（サルトル「メルロー・ポンティ」平井訳『シチュアシオンⅣ』（人文書院）所収）。

(44) Jacques Lacan, *Le séminaire, livre II*, Seuil, p.138.（以下SⅡと略す。）

(45) Maurice Blanchot, *L'entretien infini*, Gallimard, p.476. 清水徹の訳文を借りた。「イマージュへの／ゆえの情熱《パッション》＝受苦」『エピステーメー』一九七八年一一月号二八七頁。

5-3 交換体系の生成過程

以下、交換体系としての象徴秩序の生成過程を分析するにあたって依拠すべき論理の原型は、マルクスの価値形態論によって与えられている。鏡像段階の矛盾の《父の名》による解決を説くラカンの理論もそれとほぼ同型であり、アルチュセールのルソー論やイデオロギー論もまた、それと両立するものと言えよう。そこでの生成過程の記述を三段階に分けることができる。

I、A—B間の相互関係

II、その平面的な展開としてのA、……、Z間の関係

III、唯一の中心0とA、……、Z各々との関係

図示すれば図2のようになろう。ここで注目すべきは、現象学的なヴィジョンにおいて予定調和的な統一を示す裂け目のない織物とみなされ、そのまま象徴秩序と等置されたIIが、今や、解きほぐし難く絡まりあった諸関係のもつれとして現われることである。この

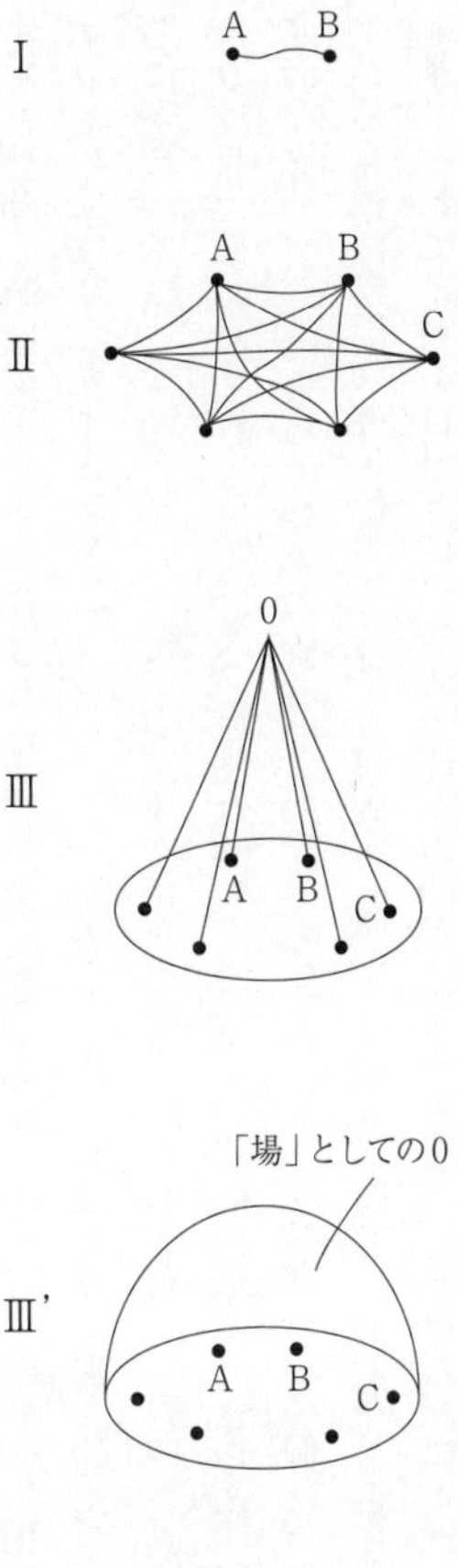

図2

矛盾と葛藤の源は、Iの中に孕まれた垂直性の契機である(46)。Iにおける相互関係は、ピュシスではなくカオスを背景としている。従って、AとBはもはや調和的水平関係のうちに安らってはいない。互いに相手の主体性を奪ってこれを客体化し、自己を映す鏡、つまりは自己確証の手段と成すべく、熾烈な闘争を続けているのである。さらに、この鏡が曲者であって、隙あらば相手の統一性を騙取(capter)し、それを自らの側に、従って相手から見れば自己の外・他者の許に、凝固させようとする。疎外=他有化(aliénations)の地獄。それによって自己と自己の統一性との間にぽっかりと口をあけた深淵を埋め、架構の原初的統一を回復するにはどうしたらいいか? 《いま・ここ》の生身と水鏡に映った姿とに引き裂かれたナルシスは、そのイマージュに魅了され、それとの距離に焦立った挙句、分裂を無化すべく水面に身を躍らせる。統一が成った瞬間、水鏡は砕け、死の混沌がすべてを呑み込むだろう。ここでは愛することと破壊することがひとつになっている。幻を追い求めて氾濫するエロスとタナトスの、この過剰。これこそ、A—B間のみかけの水平関係の背後にあるものである。「心理学者たちによって単純に自我の統合機能として対象化されているこの幻影のイマジネールな構造は、むしろ、《主》《ヘル》と《奴》《クネヒト》の間の疎外的な弁証法を自我に招き入れる条件を示すものである」(47)とラカンが述べているのは、このことである。図3は、AもBも各々《主》たらんとし、相手を《奴》と化してその上

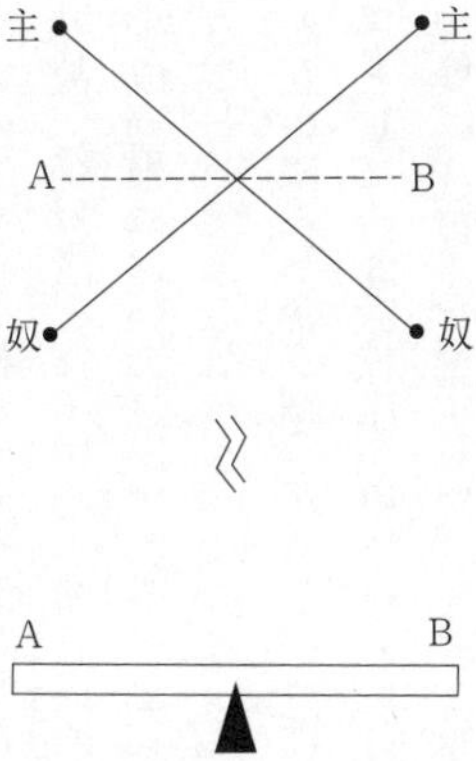

図3

に立つべく闘っている状況を示したものであるが、そこでは両者の勢力均衡がラカンのシーソーの危いバランスとして表わされている。

　こうした相互関係をいたずらに増幅し、水平に展開してみても、混乱はいや増すばかりである。そこでは、全員がそれぞれ自らを映し出す鏡の数だけの顔をもった多頭の怪物となるが、「こうした多頭の姿と化した主体は無頭の怪物（l'acéphale）と性質を同じくするように思われる。」(48) それらが全面的にぶつかり合って展開される「イマジネールな死闘」(49)。

　今や極点に達したこの混乱を解きほぐすために必要なのは何か？　争議を調停し、交換を媒介してくれる、唯一の中心、これである。この中心は、しかし、中立的な第三者、闘争の平面の外にあってこれを超越する絶対者でなければならない。Ⅱにおける「矛盾を孕んだ網の目（réseau contradictoire）」(50) において構造的圧力が働き、A、……、Zのうちの一要素を、中心に向かって、しかも垂直方向に析出するとき、ⅡはⅢに移行する。ここで、0がまず、いわば下向きに排除されて出てくることに注目したい。0は全員の《奴》、一般的な客体となり、身をもって全員を映し出す鏡となることによって、中心的媒介としての役割りを果たすのである。一方、A、……、Zは、共通の鏡において自己確証をなしとげることにより、確定した自己同一性と社会的な真正性を身に帯びることができる。めくるめく逆転がおこるのは、まさにこの時である。最も卑賤な地位に落とされた0ではあるが、それ故にこそ、ひとり0のみが、安定と均衡をもたらしうる者、全面的に通用する普遍的媒介となるのであり、そうしてみると、0こそ最も高貴なる全能の《主》だということにならざるをえない。今や、0は相互性の平面を貫いて地底から天上へ上昇する。すべてを鳥瞰する高みに立って、交換関係の総体を主宰し調停する、中心としての0。A、……、Zの各々がこの中心に向かって全面的に自己を委ね、服従を誓うことによってはじめて、交換体系は円滑な作動を保障されるのである。

このように、相互性の平面が孕む矛盾は、中心の一方的な排除を、そして、排除されたが故に絶対者となる中心への一方的な服従を、必然的に要請する。これこそ、象徴秩序の生成過程において見出されるべき《出来事》である。この《出来事》を殺人として記述することができるだろう。IIにおいては、相互暴力のミメティスムが累積的に展開し、全員が互いに殺し合う闘争がくりひろげられている。この暴力的無差別性を克服し、差異の体系としての象徴秩序を構築するには、どうすればいいか？ ルネ・ジラール（51）は極めて簡潔な解答を呈示した。全員一致で一人を殺すこと、これである。すべての暴力を一身に引き受けることによって殺されたスケープ・ゴートは、殺されることで絶対的に距離を置かれ、超越性の中に投げ出される。この超越者は、一切の暴力を身に帯びている以上、おそるべき存在ではあるが、それを引き受けることによって安定と均衡をもたらしてくれた者である以上、敬うべき存在になる。かくして、あらゆるけがれを一身に背負った犠牲が、死せる王として中心0の座につくのである。言うまでもなく、精神分析はこの0を《父》というフィギュールで語ってきたわけだが、ラカンの言う通り、それもまた「死せる父」(52)なのであった。この死者は、生きた者たちが互いに殺し合い犯し合う相互性の平面を超越した所に立ち、過去の全重量をこめた禁止の言葉を発する。このとき、絡み合った「矛盾を孕んだ網の目」は完全に切断され、全員は各々中心0に、そして0だけに、自らを委ね、同一化することになる。中心0を経由しない、いかなる直接的相互関係も、厳密に排除される。このようにしてはじめて象徴秩序が生成するのである。

中心0が過去から現在を規制しているという認識は重要である。実際、世代を——世代間の差延化を——もたぬなら、それは社会ではない。さらに言えば、現在を過去から包摂する場としての象徴秩序がもつ歴史的な重みこそ、第一義的重要性をもつものであり、それを一点に取り集めたのが中心0だと言えるだろう。そこに集中的に表現されているのは、死せる父の命ずる法の場であり、「人々が、あらゆる関係を拒むもの、即ち、無限に遠き者にして絶対的に他なるものとの関係に入る場」(53)としての言葉の秩序である。言いかえれば、生きた者たちの行なう交換に先立ち、それを規制するものとしての、コードなのである。これまで「中心」と言ってきたのは、このような共通の場の物象化的表現であると考えてもよい。一言で言えば、交換の媒介の要素＝境位(élément)、これである。先の図2のⅢ'は、この観点を表わすものである。このような要素＝境位は、まず、言語的かつ父権的な相において現われる。今まで語ってきた王や父、そして、アルチュセールの言う「大文字の主体」Sujetや、彼がルソー読解において見出した「共同体」、これらはみな、そのさまざまな現われと言えよう。これらがコトバとヒトに関する相互関係から生じ、それを規制するものだとすると、モノの交換から生じ、それを規制するものは、マルクスが見出した通り、貨幣に他ならない。これらはすべて、同型の生成過程をもつ。ただ、言語的＝父権的な中心ないしコードが象徴秩序の形成に関連するのに対し、貨幣は象徴秩序間の交換から現われ、従って、個々の象徴秩序を解体した後に成立するグローバルな社会に関連するものと言える。これは、しかし、後の話題である。

ここまでの所で再び括弧を開いて付言しておけば、我々が先に物理的・生物的・社会的な系を念頭に置きつつ呈示した三つの理念型の〈1〉〈2〉〈3〉という表記は、単なる便宜以上の意味をもつことになる(54)。〈1〉は自らとぴったり重なり合った即自的存在を示す。次いで、〈2〉は、相互的・円環的統一のうちにある対を示す。これがEXCÈSを孕み、いわば〈~~2~~〉のカオスとなるとき、第三者が要請されて象徴秩序が構成されるが、それを示すのが〈3〉である。なお、象徴秩序への参入の後、この三つの系が、ラカンの用語で言えば《現実界》《想像界》《象徴界》という規定を改めて受け取ることは、言うまでもない。

(46) 垂直／水平という表現は真木悠介に負う。『現代社会の存立構造』（筑摩書房）。
(47) 「治療＝型の異型について」三好訳『エクリ・II』（弘文堂）二九頁。なお、ラカンがこのように述べているにもかかわらず、彼の理論がしばしばメルロー＝ポンティやワロン、そして剰えピアジェの理論と同列で紹介されることがあるのは、極めて不可解である。
(48) ラカン　SII　二〇〇頁。
(49) ラカン「フロイト的事象、あるいは精神分析におけるフロイトへの回帰の〈意味〉」佐々木訳『エクリ・II』（弘文堂）一五四頁。
(50) グー「貨幣の考古学」拙訳『現代思想』一九八一年五月号一〇三頁。
(51) ジラール、前掲書。なお、この理論については、岩津洋二の手際のよい紹介がある。「文化と暴力」『講座・現代の哲学・4・自然と反自然』（弘文堂）所収。
(52) 「一九五八年における精神分析の状況と精神分析家の養成」早水訳『エクリ・II』（弘文堂）二〇九頁などを見よ。
(53) Maurice Blanchot, op. cit., p. 187.
(54) ドゥルーズ「構造主義」三三六頁。

5-4 《贈与の一撃》

以上の考察により、我々は完結した交換体系の根源に、相互性ではなく、一方的な一撃を見出したことになる。絶対他者の中心的・垂直的析出の運動がそれである。この中心に向かって一方的に自己を委ねること。「いかなる交換の対象ともならない全面的贈与」、「いかなる交換によっても償われ得ないこの全面的な譲渡（aliénation）」、これこそが「あらゆる可能的交換のア・プリオリな条件」を構成する（55）。「絶対的相互性の基礎を築くこの根源的贈与」、「回収不可能な無条件的贈与」（56）。そこに我々は、デリダの語っているあの「贈与の一撃（un coup de don）」を聴き取らずにはいられない。交換の円環の外部にあって、それを根拠付けると共に解体させもするであろうような、ひとつの動き。「この動き、このはみ出し（débordement）」は、デリダによれば、「差延化を語ることによって私が試みたはみ出しに類似している」（57）。ここでもそのことが確認されるだろう。というのも、あらゆる交換が媒介としての中心0を経由せねばならぬということは、即ち、直接的消費と直接的交換が遅延化（différer）され迂回を余儀なくされることに他ならないからである。例えば、オナニスムと近親相姦の差延化があってはじめて、婚姻交換の制度化が可能になるのではなかったか？（58）そして、この差延化が一方的な禁止によって保障されていることは明白である。交換体系はつねに - すでに永遠の現在のうちにあって回転し続ける完結した環ではない。その「現在」とは、実に、贈与の一撃（un coup de don）、差延化の一撃（un coup de différance）、禁止の一撃（un coup d'interdit）の事後（l'aprèscoup）だったのである。

こうして始源ならざる始源としての一撃を見出してしまった者は、以後いたるところにその残響を聴き取らずにはいられなくなるだろう。しかし、それは象徴秩序の完結性にとって大いなる脅威である。象徴秩序のイデオロギーはその残響に耳をふさぐことを命じ、あの一撃は一度限り生起したものであって、それ以後、象徴秩序はカオスを完全に鎮圧しつつ揺るがぬ覇権を確立したのだという新たな神話を捏造するにいたる。従って、真に残響を聴き取るためには、象徴秩序のイデオロギーをずらしてしまうこと、「哲学の耳を脱臼させ、ロゴス中にロクソス（鼓膜の斜傾性）を作用せしめること」(59)が必要になるだろう。「間奏曲」で触れたプログラムからやや逸脱することを恐れず、デリダやドゥルーズがどんな方向でそれをやってみせるか、簡単に見ておきたい。

贈与の一撃の残響を吸収してしまうための象徴秩序の戦略は、それを交換の円環の中に回収しつくすことである。ささいな日常的贈与であっても、非相互的な無償の行為として立ち現われるかぎり、ひとはその背後にあの一撃の影を感知せずにはいられないだろう。そのような事態は何としても避けねばならない。そのために、モースとレヴィ＝ストロー

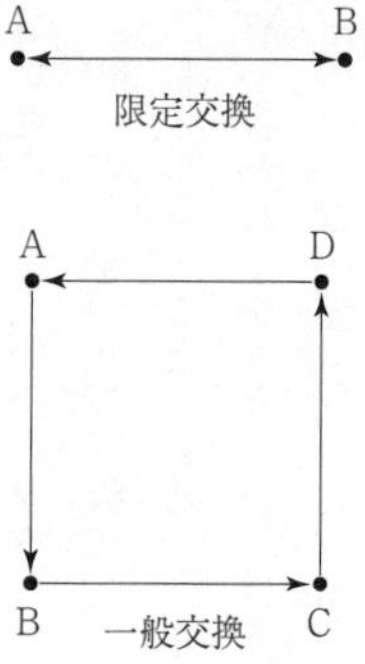

図4

スは、図4の如く交換を限定交換から一般交換へと拡張し、無償の贈与と見えるものも、その実、大きな相互性の円環の一環にすぎないのだという解釈を行なう。

勿論、当事者の意識する限りでは、贈与はあくまでも贈与であり、それを受けた者の負い目が新たな贈与を生み出すには違いない。モースはこの点を繰り返し強調しており、必ずしも交換の論理が贈与の論理より本源的だと言っているわけではない。しかし、レヴィ＝ストロースはためらわず交換の論理を選び、負債は、一般交換という無意識の社会的現実の、意識された形態に他ならないと断ずる(60)。「モースの解釈手続き」は、さまざまな可能性を孕みつつも、全体として「(贈与による)喪失の最も『独得な』点である回復不能性を骨抜きにする方向にも通じていた」(61)のだが、レヴィ＝ストロースはその方向をとことんまで押し進め、無償の贈与の、合理性の円環への回収を、ほぼ完成させたと言っていいだろう。この作業は象徴秩序のイデオロギーにとって極めて重要である。と言うのも、デリダの言う通り、「絶対知の《循環性》をもって支配し包括できるものとしては、ただ、こうした循環あるのみ」(62)だからであり、その円環的完結こそが象徴秩序を致命的な裂開からまもってくれるものだからである。

しかし、一般交換の円環は本当に完結しうるものなのか？　そもそも、その循環の原動力はどこに求められるのか？　モースは、それなしには循環が生じえない原動力を、事物に宿った、受贈者に返礼をせまる力に求めた。『贈与論』でとりあげられている《ハウ》がその例である。これと関連して、モースが『ギフト‐ギフト』において、ゲルマン語のGiftが贈与と同時に毒を意味すること、従って、贈与が返礼の脅迫を含むことに注目していたのは、極めて興味深い(63)。これは、パルマコン――薬にして毒――の決定不能(indécidable)なゆらぎをテコにしたデリダの「はみ出し」作業(64)に直ちに接木されうる視点である。しかし、レヴィ＝ストロースは、この、事物に宿った力というモースの概念を、科学の名において退ける。「自分の諸原則をとことんまで適用してみるかわりに、モースはそれを放棄して、ニュージーランド人の理論のほうを厚遇するのだ。」(65)これが彼のモースへの批判である。けれども、彼が《ハウ》や《マナ》に関して「自分の諸原則をとことんまで適用してみる」ことによって得た、有名な「浮遊するシニフィアン(signifiant flottant)」の理論、《ハウ》や《マナ》はシニフィエ総体に対するシニフィアン総体の超過分を集約する特殊なシニフィアンとして機能するのだという理論自体も、分節化された二系列が完結した形で過不足なく対応することを要請する象徴秩序の構造の論理と、何とも奇妙な不協和をなしていると言わざるをえない。ひとつの無理が、ここでレヴィ＝ストロースの理論にほころびを生じさせているのである(66)。

そこで、むしろ「ニュージーランド人の理論」に従って、一般交換の円環をはずし、ひとつひとつの贈与を取り出してみよう。すると、それは、やがて完結されるべき拡大された相互性の一環としてではなく、あくまでも一方的な行為、無償の支出であると同時に受贈者に負債の刻印を残す一撃として、現われるだろう。これこそ、ニーチェ、バタイユ、そしてドゥルーズ＝ガタリ(67)の視点に他ならない。ひとたびこの視点に立つとき、贈与の一撃の連鎖をなめらかな円環運動に回収しつくすことは絶対に不可能であることが明らかになるだろう。

さらにまた、あの始源ならざる始源の一撃が差延化の一撃でもあったことを想起しよう。確かに、この一撃によってカオスが鎮圧され共通の場が形成されて以来、その残響はかき消え、人々は定型化された主体としてコード破りひとつせずに常套句(commonplace)をとり交し続けているかに見える。しかし、本当にそれですべてだろうか？　人と人とが言葉をとり交すとき、必ずズレがしのび込み、どちらの側にも剰余を生み出すのだとしたら？　その結果、理解とは、正確な複製であるよりも、むしろ、ズレによる破壊＝生産なのだとしたら？　実際、人が自らと言葉をとり交す(s'entendre-parler)という最も内密な場においてすでにこうしたズレを剔抉してみせたのがデリダなのである(68)。これについては詳細な紹介がなされているから、ここでこれ以上論ずるには及ばないだろう。

(55) アルチュセール「ルソーの『社会契約』について」西川・阪上訳『政治と歴史』(紀伊國屋書店)一七六頁。
(56) ガシェ「太陽中心的な交換」足立訳『マルセル・モースの世界』(みすず書房)一七四～五頁。
(57) デリダ「他者の言語」『現代思想』一九七八年七月号四七頁。
(58) グー「貨幣の考古学」拙訳『現代思想』一九八一年七月号一八七頁。
(59) Jacques Derrida, *Marges*, Minuit, p. VII. 豊崎光一の読解が参考になる。『余白とその余白または幹のない接木』(エパーヴ)。
(60) レヴィ＝ストロース「マルセル・モース論文集への序文」清水・菅野訳(以下「序文」と略す。)前掲『マルセル・モースの世界』二三五～五〇頁。なお、このような把握が、空虚な形式としての無意識(前掲『構造人類学』二二四～五頁)という去勢された無意識概念に通ずるというのは、ドゥルーズ＝ガタリの指摘する通りである。(AO二一九頁)
(61) ガシェ「思考の早産児」伊藤訳『バタイユの世界』(青土社)二三〇頁。
(62) デリダ「限定経済学から一般経済学へ」三好訳、同右五八頁。
(63) ガシェがこの点をとりあげている。前掲「太陽中心的な交換」一五六頁を見よ。
(64) Jacques Derrida, La pharmacie de Platon, *La dissémination*, Seuil.
(65) レヴィ＝ストロース「序文」二三六頁。
(66) 詳しくは第三章を見よ。なお、この「ほころび」にうまくつけいってみせたのは、LSにおけるドゥルーズである。特に、セリー8における「レヴィ＝ストロースのパラドクス」をセリー6における「ラカンのパラドクス」と併せ参照されたい。他方、デリダも、La structure, le signe et

le jeu dans le discours des sciences humaines, *L'écriture et la différence*, Seuil において、この理論の含むゆらぎを精密に解析している。また、レヴィ＝ストロースの議論がその外部と接触する点としては、この他に、『野生の思考』第八章における供犠論や、『生まのものと料理されたもの』の中の「不連続の間奏曲」におけるコスモス創成論が注目される。前者については本章第6節で触れる予定だが、後者については、デュメジル『ゲルマン人の神々』松村訳（ブリタニカ叢書）に付された吉田敦彦の解説と、『暴力のオントロギー』（勁草書房）第二章における今村仁司による展開を参照せよ。

(67) ドゥルーズ＝ガタリはＡＯ第三章の二節と五節で精力的なレヴィ＝ストロース批判を展開し、「冷たい社会」と見えるものも実は極めて「熱い」のだと論じている。本書第四章を見よ。

(68) デリダ『声と現象』高橋訳（理想社）ほか。

5-5 象徴秩序の外部

以上のような作業を視野に収めつつも、我々は既定のプログラムに従って、象徴秩序を直接に脱‐構築する前に、象徴秩序が一応完結した形で構成されるという仮説を受け容れて、論を進めよう。この場合、カオスを一度限り克服し、完全に包摂することが不可能だとしたら、その剰余の部分は象徴秩序の外部として措定されざるをえない。そのような外部の存在の徴候は、フロイトにならって言えば、象徴秩序の中の居心地の悪さ(Unbehagen) である。あの一撃が禁止の一撃でもあったことを想起しよう。実際、象徴秩序が構成されるためには、直接に相互関係を結ぶことが禁止されねばならなかった。絶対者たる父の発する禁止の言葉は、近親相姦的な母子の密室を典型とするイマジネールな繭をつき破って響きわたり、各々の主体が直接的な仕方で架構の「喪われた全一性」を回復し、ありえざる「透明な至福の世界」に戻って安らぐことを断念させる。そうやってイヤイヤ連れ出された外の世界が象徴秩序であるからには、そこが居心地のいい所であるはずがない。だから、誰もが言葉以前の世界を心の奥底で夢見ている。曇りなく澄みわたった《見る‐見られる》の世界、《さわる‐さわられる》を介して「物質的恍惚」へと深まっていくはずの王国。それへの願望が、すでに検討した擬似ピュシスのイデオロギーを支えていることは、言うまでもない。けれども、そこで実際に見出されるのは、カオス以外の何ものでもない。そもそも、あれほど望ましく思われたイマジネールな繭も、中に入ってみると、「貪るような引裂きと嫉妬ぶかい両価性」(69)に満ちた鏡の地獄だったという事実は、精神分析が明らかにした通りである。だからこそ、人はナルシスのような仕方で全一性を回復することを断念し、フロイトの記述している「Fort-Da」の遊び(70)におけるFortを、つまりは不在=死を、自らすすんで引き受けることによって、象徴秩序に参入することになる。この苦痛に満ちたプロセスは、人間が本来満ち足りた存在だったなら必要のなかった筈のものであると言ってよい。「人間を自らの像へと疎外するこの裂け目がなかったなら、人間がそこにおいて死すべき主体として構成される象徴界とのこの共生自体が生じえなかっただろうと、言えるのである。」(71)

わかりやすく言えば、象徴秩序の中の人間は、殻なしの半熟卵を真二つに割き、その上で各々の半分に改めて人工的な殻を投げ与えたようなものである(72)。ここで殻と言っているのは、Sujet たる中心0が指定する sujet としての規格に他ならない。そのおかげで、この卵の中身同士が激突してグシャグシャになる相互疎外のカオスは収拾されるのだが、この殻自体も、ぴったりフィットしたものではなく、「自己疎外する同一性という鎧」(73)にすぎない。それでも、他にどうすることもできないから、パラノイア的な再認を重ねることで、この殻を堅く鍛え上げざるをえないのである。ラカンが、「鏡像的なわたしから社会的なわたしへの反転」と同時に「パラノイア性の自己疎外」が始まる(74)と言っているのは、このことではなかろうか。

殻の中に裂開を抱えたまま象徴秩序にとどまっていることの居心地の悪さ。これは、抑圧された無意識に由来するものである。ラカンの有名な point de capiton (75)の論理をパラフレーズしてみよう。カオスの中に放り込まれた人間は、過剰/欠如にたまりかねて、ひとつの叫びをあげる。この叫びは、いちはやくシニフィアンの貯蔵庫にすくい取られ、象徴秩序の側に回収される。そのとき、しかし、必ずやすくい取りきれなかった部分が残り、それが無意識として同時に生成するのである。sujet という殻の中の満たされぬ隙間に渦巻いているものこそ、この無意識なのである。論理の運びから明らかなように、無意識は有機体の深部から湧き上がって来るのではなく、常に言葉の場との関連において生成する。とは言え、それが象徴秩序に必然的に伴う外部としての性格をもつことに変わりはない。以下、象徴秩序と外部のカオスとの関係は、意識と無意識、あるいは、象徴的なサンスの場と欲動の流れの場の関係として、分析されることになる。

このことは、分析がもっぱら主体内部のエコノミーにかかわることを意味するものではない。欲動が、有機体を突き動かす内的な衝動に還元されるものではなく、むしろ、有機体の埒を超えて自由に流れ出すものだということを、再び強調する必要がある。実際、象徴秩序の生成過程の記述の中で、我々は主体を超えた欲動の流れの場を経由してきたはずである。あの中心0が、まず、過剰な性と暴力の一切を吸収した上で相互性の平面の下方に投げ出されたことを想起しよう。これを改めて、0'と呼び、0と併せて図5のような形でとらえることにする。そのとき、0'の位する領域は、0'と共に放逐された欲

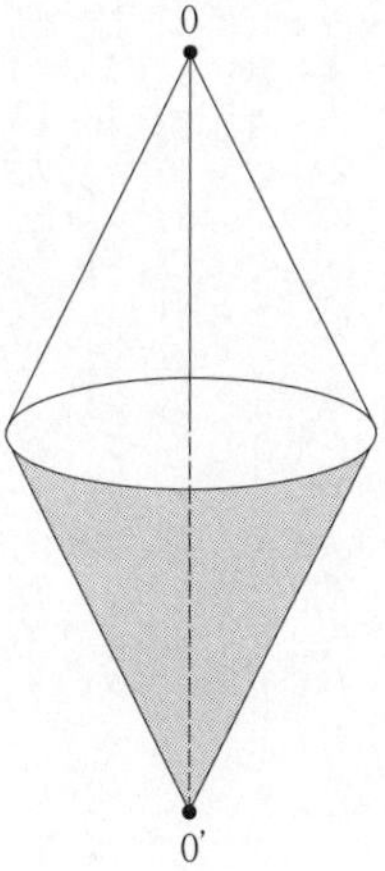

図5

動の場だということになるだろう。そこには、あのEXCÈSが、エロスとタナトスの奔流となって封じ込められているのである。その中心である0'は、神たる0に対し、堕天使ルシファーの座にあると言えるだろう。

我々は今やエリアーデが定式化した世界像に著しく接近している(76)。例えば、ヘブライ人の伝説によると、大地のヘソに位するエルサレムには、地下のカオスにむかう入口——井戸？——があるとされ、しかも、その上に天上のコスモスを指して十字架が立てられることになる。0'と0を結ぶこの垂直の軸——世界軸(axis mundi)——こそ、あの超越性の運動の軌跡に他ならない。この運動が終わり、0がひとまず安定した支配を確立すると、カオスへの入口は岩でふさがれるものとされている。けれども、その下にはやはりカオスが渦巻いていて、岩を取り除くや地上に噴出してくる勢いを見せている。この極めて素朴な構図は、以下での分析を了解するのに役立つだろう。

最後に注意しておきたいのは、象徴秩序が深層ではなくむしろ表層として現われていることである。確かに、象徴秩序の構造は、全体があらわになっているのではなく、常に潜在的な形で存在している。また、後に述べるように個々の象徴秩序を解体することによって成立した近代社会から見返すと、象徴秩序が「喪われた古層」として目に映るのも事実である。しかし、象徴秩序一般の存立構造を見れば、それが相対的にいって表層に位置することは明白である(77)。真に深層と呼ばれるべきは、あの欲動の流れの場なのである。この立場からすると、象徴秩序を深層——とりわけ、身体を介してピュシスと照応する基底的原理としての深層——と考え、近代社会の表層の下に隠されたこの深層の再活性化を図ろうという戦略は、極めてあやふやなものと言わざるをえない。

(69) ラカン「心的因果性について」宮本訳『エクリ・I』(弘文堂)二四五頁。
(70) フロイト「快感原則の彼岸」小此木訳『フロイト著作集・6』(人文書院)一五五〜七頁。
(71) ラカン「精神病のあらゆる可能な治療に対する前提的問題について」佐々木訳『エクリ・II』(弘文堂)三一六頁。
(72) 勿論、ここで念頭に置いているのは、ラカンの《人間モドキ＝オムレッツ(Hommelette)》論である。「無意識の位置」佐々木訳『エクリ・III』(弘文堂)三七一頁を見よ。
(73) ラカン「〈わたし〉の機能を形成するものとしての鏡像段階」宮本訳『エクリ・I』(弘文堂)一二九頁。
(74) 同一三〇頁。
(75) 「フロイトの無意識における主体の壊乱と欲求の弁証法」佐々木訳『エクリ・III』(弘文堂)三一三頁。
(76) エリアーデ『永遠回帰の神話』堀訳(未来社)、『聖と俗』風間訳(法政大学出版局)。
(77) ドゥルーズ＝ガタリは、レヴィ＝ストロースの言う一般交換の形式に触れて、それが関与するのはたかだか前意識であって無意識ではないと述べている。AO二二〇頁。

6　象徴秩序とカオスの相互作用

象徴秩序とカオスの相互作用を理論化する注目すべき試みが、ジュリア・クリステヴァによってなされている(78)。以下、彼女の理論をパラフレーズしつつ、この主題を論じてみよう。

6-1　サンボリック／セミオティック

クリステヴァは、象徴秩序とカオスの対立を、サンボリック(le symbolique)とセミオティック(le sémiotique)の対立と呼ぶ。サンボリックという用語は、これまでの象徴秩序という用語と一致する。セミオティックの方はどうか？　彼女は用語法の明示的な根拠付けを行なっていないが、我々の枠組ではこの用語の妥当性を自然に了解することができる。一般に、セミオティックという語は、動物の記号活動などに関して用いられている語である。これを、シグナル段階の記号活動を指すものと考えよう。一方、サンボリックという語は、当然、シンボル段階の記号活動を指すものである。ここで、問題は、人間の記号活動がサンボリック一層だけから成っているのではないということである。サンボリックに下接する欲動の場。それは、ゲシュタルトを媒介とするシグナル段階の記号過程が、過剰なサンスを孕み、イマジネールなものと化した結果としての、カオスである。これを錯乱せるセミオティックと考えることは自然である。このように、有機体の記号活動がセミオティック一層から成るのに対し、人間の記号活動はサンボリック／錯乱せるセミオティックの二層から成るものと定式化しうるだろう。クリステヴァは人間の記号活動に視野を限っているので、それを端的にサンボリック／セミオティックと呼ぶのである。

ただし、クリステヴァ自身は、我々とは別の視座から出発し、構造の永久独裁を拒否しつつしかも主体の至上権を否認し続けるという戦略の帰結として、こうした二層構造に到達したのだと言った方がいいだろう。これは二正面作戦のように見えるが、実際はそうではない。ピュシスの類同代理物たる象徴秩序は、いわば有能な演出家として、各人に舞台とシナリオを割りふる。アルチュセールの言葉を借りれば、各人を主体（sujet）にするのである。この主体は、上から見れば構造の《臣下》であるにもかかわらず、自らは《主君》気取りで、与えられた舞台とシナリオを、自己の選択によるものと思いなす。こうして、主体は象徴秩序の一隅にノエシス‐ノエマ的な網を張ってその中心に居坐り、架構の始源から架構の終局＝目的に向けて自信満々で歩むということになる。これこそ、デカルトから現象学にいたる哲学が前提としてきた、定立的・綜合的な主体、即ち、名指し述定する主体（sujet “thétique (nommant) et synthétisant (prédiquant)”）（79）に他ならない。であるから、フロイトによる主体の分割の発見を承け、意識／無意識ないし二次過程／一次過程の二分法に従って表層から深層へと下降し、そこに主体の定位性（positionalité）に先立つ「定立（thèse）なし定位（position）なしの律動的空間」(80)を見出すとき、人は主体の外に出ると同時に象徴秩序の外に出ることにもなるのである。この外なる場で展開される恣意的・差異的・共時的ならざる記号活動こそ、サンボリックに下接するものとしてのセミオティックに他ならない。この図式は、結果として、我々が先に示した二層構造の説明と、ぴったり符合する。

さて、我々の枠組で考えると、セミオティックの内実である欲動の流れにひとつの性格付けを与えることができる。生物におけるセミオティックは本能に基づいているが、それらの本能はエロス（生の本能）に統一されている。ところが、人間における錯乱せるセミオティックは欲動の場であり、それらの欲動は常にエロス（生の欲動）とタナトス（死の欲動）の両者を過剰に孕んでしまっている(81)。その意味で「欲動はつねに-すでに両義的であり、同化的であると同時に破壊的である。」(82)それは「自らのうちに分裂を孕んだ矛盾的構造、その都度ポジティヴかつネガティヴな構造」(83)を成すのである。「フロイトは死の欲動こそ最も欲動的だと述べている」(84)が、このことは、ラプランシュ＝ポンタリス(85)が言うように、死の欲動をいわばメタ欲動として、即ち、あらゆる欲動のもつ生と死の二重性を指すものとして、改めて解釈するなら、自然に了解されよう。有機的な結合・統一の原理であるエロスと、無機的な分離・解体の原理であるタナトスは、つねに-すでに絡み合ったまま流動することをやめない。過剰なエロスと過剰なタナトスを同時に含むことによって、欲動は異常なダイナミズムを獲得する。これが、セミオティックの「律動」の根拠である。クリステヴァは、分裂と異質性に由来するこの律動的な運動性を否定性（negativité）と呼ぶ。

ここで、いくつか注意すべきことがある。まず、我々はフロイトのようにタナトスを全生物史に拡大する道はとらない。この点で「タナトスのエントロピー、エロスのネゲントロピー」(86)というボードリヤールの規定は、やや不正確とは言え、有用である。実際、我々の生命像は完全にエロス的・ネゲントロピー的なものであり、そこからのズレがタナトスを誘い込むのである。また逆に、人間の欲動のタナトス的な側面に目をつぶる擬似ピュシスのイデオロギーも退けねばならない。神秘主義やユートピア思想は、しばしば、すべてをエロス的結合のうちに呑み込んで融合させる生のうねりを、深層に措定してきた。《全婚》を頂点とするフーリエのヴィジョンなどはその極致であろう。我々は、しかし、そこに分裂の契機を持ち込むことにより、決して一様で静的なニルヴァーナに達することのない否定性のダイナミズムを注視せねばならない。このことと関連するが、セミオティックな欲動の流れは、決して盲目的・受動的なマグマのうねりの如きものではなく、むしろ、切断と組み換えによる能産性を秘めたものと考えられる。否定性は、破壊的であるだけではなく、生産的契機にもなりうるのである。しかしまた、ヘーゲルのように、否定性を来たるべき高次の統一に奉仕する手段的契機に還元してしまうことは、断じて許されない。否定性による切断は、「後に調停さるべきものとしての、二者の初期分割」(87)ではなく、始源なし終局＝目的なしの過程の一契機なのである。このセミオティックの否定性がサンボリックの秩序との間にくりひろげる弁証法の劇こそ、クリステヴァの分析の核心である。

この相互作用は、まず通時的な過程として跡付けられる。鏡像段階の矛盾と父の法によるその解決――言いかえればエディプスの矛盾と去勢によるその解決――を経て、上部構造としてのサンボリックが確立されることはすでに見た通りである。してみると、セミオティックは前エディプス期の記号活動に対応すると言えよう。クリステヴァは、この通時的過程を、幼児の観察を交えて詳細に研究しているただ、注意すべきは、サンボリックに先立つ純粋のセミオティックは「理論的仮設」(89)にすぎないということである。象徴秩序とカオスについて述べたことを想起しよう。人間はつねに-すでにサンボリック／セミオティック複合体の中にいるのである。我々は通時的な問題を省略し、直接この二層構造のダイナミクスを問題としていきたい。

(78) Julia Kristeva, *La révolution du langage poétique*, Seuil.（以下RLPと略す。）
(79) RLP三一頁。
(80) 同二五頁。
(81) エロスという語はフロイトの与えた意味で用いられている。本文を一見すればわかる通り、いわゆるエロス、殊にバタイユの言うエロスは、フロイト的に言えば、エロスとタナトスの混合物なのである。
(82) RLP二六頁。
(83) 同二七頁。
(84) 同二七頁。
(85)『精神分析用語辞典』村上監訳（みすず書房）の「死の欲動」の項、特に二〇六〜七頁を見よ。
(86) ボードリヤール『象徴交換と死』今村・塚原訳（筑摩書房）三一一頁。
(87) Julia Kristeva, Pratique signifiante et mode de production, *Tel Quel*, no. 60, p.21.
(88) RLP以降の研究は、*Polylogue*, Seuil の四三七〜九一頁などに報告されている。
(89) RLP六七頁。

6-2　祝祭

サンボリックは、セミオティックを抑圧することによって、スタティックな構造として確立される。一方、セミオティックは隙をうかがって噴出し、侵犯（transgression）の眩暈の只中でサンボリックを再流動化し組み換える。サンボリックの構造だけではなく、サンボリック／セミオティックを貫く全記号過程としての意味形成過程（procés de la signifiance）（90）こそが、分析さるべき真の対象である。以上がクリステヴァの理論の核心である。

セミオティックなカオスの象徴秩序への侵入。これは象徴秩序のイデオロギーの最も嫌うところである。このイデオロギーが侵犯のテーマに関して示す忌避の身振りを手がかりに、このイデオロギーを解体していくこと。クリステヴァがジラールを援用しつつ行なっているレヴィ＝ストロース読解（91）は、その点で興味深い。彼女に導かれつつ自由なパラフレーズを試みよう。

我々はすでに、レヴィ＝ストロースの言うトーテミスムの構造を見ておいた。それは、コスモスとノモスという二つの不連続な系列の間のメタフォリックな対応を軸としている。それと双対的なものとしてレヴィ＝ストロースが示すのが供犠（sacrifice）であり、こちらは神と人間の間にメトニミックな連続性の回路を開くことを目的とするものとされる。ここで、レヴィ＝ストロースのディスクールは奇妙なゆらぎを示す。「一方（トーテミスム）は正しいが他方（供犠）は誤りである。より正確に言うならば、（トーテミスムの）分類体系は言語《ラング》のレベルに位置する。それは、出来不出来はあるにせよ、いずれにしても意味《サンス》を表現するためのコードである。それに対し供犠の体系は個別的な言説《ディスクール》であって、しばしば大声で叫ばれるけれども良識《ボン・サンス》〔正しい意味〕を欠いている。」（92）（丸括弧内引用者）供犠に対するこの忌避の身振りが示しているのは、カオスの侵入による象徴秩序の解体に対する恐怖でなくて何だろうか？　ここで我々は、図1におけるコスモス－ノモスの対応軸に、それと直交するカオスからの軸を加えて、図6のような図式を作ることにしたい。前者がトーテミスムに対応する一方で、後者は供犠に対応する。

供犠の時空においては、カオスとして象徴秩序の外部に放逐されていたあのEXCÈSが一時的に導入され顕揚される。象徴秩序の構造はひとまず解消され、セミオティックな欲動の流れに乗って、ミメティックなシニフィアンの洪水が猛威をふるうだろう。このようにしてEXCÈSが処理されたあと、更新された姿で象徴秩序が再構築される。言ってみれば、供犠は、象徴秩序を創設したあの一撃、あの「暴力的で恣意的な跳躍」（93）の、儀式的な再演に他ならない。供犠をこのようにとらえるとき、それは、バタイユやカイヨワ、あるいは先に触れたエリアーデが定式化した聖なる祝祭の、ひとつの典型であると言うことができよう。

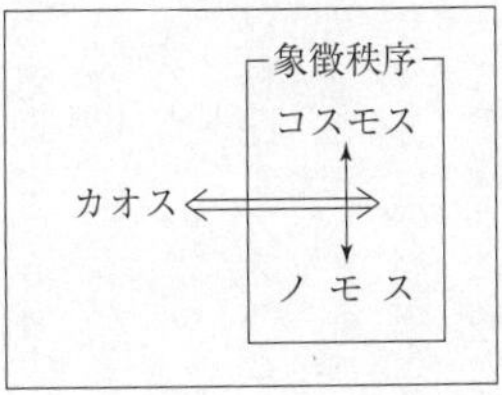

↔ トーテミスム
⟺ 供犠

図6

　こうしてみると、必然的に外部を伴わざるをえない象徴秩序は、トーテミスムと並んで、周期的な祝祭による過剰の処理というメカニズムを備えることによってはじめて、永く秩序を維持していけるのではないだろうか？　そうすることによってはじめて、自らに包摂しえなかった過剰な部分、バタイユの言う「呪われた部分」を、手なずけうるのではないだろうか？　こうして、象徴秩序とカオスとの緊密な相互関係が明らかにされる。山口昌男はこれを「秩序と混沌の弁証法」(94)と呼んでいるが、それが綜合を欠いた弁証法であることを確認した上で、我々もこの規定を受け容れることができるだろう。

この段階において、セミオティックなカオスは周期的に現われるにとどまり、それによって象徴秩序自体が改変され不可逆的な変化を蒙っていくという色彩は希薄である。ただ、象徴秩序の中の人間が生長していくとき、人生の節目節目に行なわれる通過儀礼においては、カオスは不可逆的な変化にアクセントをつける機能を果たす。ある人間が構造内の一定の位置を離れ、他の位置に移行する場合、彼はいったん象徴秩序の束縛を離れ、カオスをくぐり抜けねばならない。しかし、巨視的に見ると、象徴秩序自体はそれによって変化しないのが普通である。それは、むしろ、象徴秩序全体の再生産の一契機なのである。

ここで、祝祭的機能を果たすものとして、二つの重要な例を挙げておきたい。ひとつはポトラッチ、即ち、「競覇型」の贈与の体系である。ポトラッチは、閉じた円環を形作るものとしてではなく、むしろ、円環をラセン状に無限へと開いてしまうものとして、とらえられねばならない。バタイユが強調する通り、ポトラッチの核心は、参加者が互いにきりもなく無償の浪費の誇示を繰り返すという点にある。そこに現われるミメティスムの相乗効果は、ジラールの言う通り、カオスにおける相互暴力のミメティスムのひとつの再現に他ならない(95)。その結果としての「莫大な富の豪勢な消費は、全面的給付と共に相互性をも確立した原始的契約に先行した根源的カオスの中へと、ふたたび社会全体を墜ちこませるように思われる」(96)のであり、その限りにおいて、ポトラッチは危険極まりないものである。けれども、ポトラッチを祝祭的なものとして、即ち、カオスを導き入れ顕揚することで祓い清めるしかけとして、とらえるとすれば、それは象徴秩序と対立するものではなく、むしろ、象徴秩序を補完する役割を果たすものであると言うことができるだろう。

もうひとつ、共同体の外部との財の交換もまた、カオスの介入にかかわる重要な例である。実際、共同体の外部とは即ち象徴秩序の外部であり、そこに住まうのは全くの異人たちである。言葉と女の交換によって維持されている象徴秩序は、言葉の通じない者、血のつながらない者と接触するとき、それを介してカオスの深層をのぞき込むのである。自らの深層に渦巻くカオスを外部に投射し、それを畏れるのだと言ってもいいだろう。それゆえにこそ、共同体の外部との財の交換にあたっては、沈黙交易(97)に代表される特殊な様式が編み出され、時と場所の限定と、祭司による慎重な統制が要請されることが多いのではなかったか？　我々はここにも、象徴秩序を補完すべくカオスとの接触をコントロールする技術を、さまざまな形で見出すことができるのである。さて、こうした細心の限定の結果、財そのものが区分され、外部との交換に用いられる特殊な財が特定されるに至ることが、しばしばある。レヴィ＝ストロースが「余剰物」(98)と呼んでいるこうした財は、過度に華美で浪費的な、つまりは、すぐれてexcessifな特性を備えており、《ハウ》のようなパルマコン的力能を自らのうちに高密度で凝集させている。財の交換が個々の象徴秩序を浸食して全面的に展開されるようになるとき、こうした特殊な財の中からフェティッシュとしての貨幣が生まれてくることを予告して、次の問題に移ろう。

(90) この《過程《プロセ》》はサンボリックな秩序に異議を申し立てる《訴訟《プロセ》》でもある。
(91) RLP・A－I－11。
(92) レヴィ＝ストロース『野生の思考』大橋訳（みすず書房）二七三頁。
(93) RLP七六頁。
(94) 山口昌男『文化と両義性』（岩波書店）。
(95) René Girard, *Des choses cachées depuis la fondation du monde*, Grasset, p.17.
(96) ガシェ「太陽中心的な交換」（前掲）一六三頁。
(97) 栗本慎一郎『経済人類学』（東洋経済新報社）第6章。
(98) レヴィ＝ストロース『親族の基本構造』馬淵・田島監訳（番町書房）上巻一三九頁。

6-3　意味的実践の四類型

我々は、レヴィ＝ストロースの供犠論を糸口として、カオスの介入にかかわるものとしての祝祭の機能を確認してきた。それにしても、カオスの中に渦巻くセミオティックな否定性は、これまでに示したような安全弁的メカニズムを通して発現するだけなのだろうか？　勿論、そうではない。むしろ、否定性が能動的な役割を果たし、象徴秩序を根源的に組み換えるという可能性こそ、クリステヴァの注目するところなのである。カオスの介入という論点は確保しえたとして、今度はその諸相を類型化する作業が必要であろう。以下では、クリステヴァが記号論的観点から示した四つの類型(99)を、自由な角度から取り扱ってみたい。それらの類型は次のように呼ばれる。

A　語り（narration）
B　メタラング（métalangue）
C　テオーリア（contemplation）
D　テクスト‐実践（texte-pratique）

我々はこれらの各々を、オイコス、ノモス、コスモス、カオスと関係付けながら、論を進めることにしよう。

A 語り——オイコス 家こそ、個体が生まれエディプス状況を経験する場である。従って、そこでは、欲動が高い密度で備給と撤収を繰り返している。まず第一に、欲動のセミオティックな否定性が能動的な役割を果たすことに注目せねばならない。というのも、この否定性に突き動かされた拒絶（rejet）こそが、幼児を自他未分の連続性から連れ出し、主客の分離と世界の不連続的分節化を行なう原動力だからである⑽。先に触れた「Fort」の記号化は、その最もめざましい例に他ならない。このようにして分節化が行なわれ、時空の枠組みが形成されるが、その間、エディプス状況の進展と共に過剰な攻撃性の発現は禁止されるようになり、結局、欲動の否定性は一定のサンスを得、ソシュールの言うシーニュとなって安定するに至る。とは言っても、この段階では完全に一義的な秩序が出来上がるわけではない。従って、語り手から聴き手へのコミュニケーションの流れが生じはするものの、両者は依然として異質的（hétérogène）な場に内 - 存在しており、そこで語られる物語は、常に、騙りであり「仮面の告白」であるにとどまる。フロイトは「一切の文学の源泉となるのは、子供の語るいわゆる『家族物語』である」⑾と述べているが、実際、このタイプのディスクールのうちに小説の記号論的特徴の原型を認めるのはたやすい。

B メタラング——ノモス エディプス状況の父の法による解決が完了し、定型的な主体が完成されると、彼は世間に出て行くことができる。この段階では、セミオティックな否定性は完全に統御され、多義性を許さぬ論理的な肯定・否定に従属させられる。内から／下からの欲動の侵入を、外から／上から枠にはめて固定していくのである。これに対応して、そうやって形成される同質的（homogéne）な幾何空間を舞台に、樹状構造を備えた階層的社会組織——とりわけ国家——が展開される。「メタ」という接頭辞は、このような構造を示すものである。ここでは、主体はその都度の状況に外‐存在するアイディアル・スピーカー＝リスナーとなり、それらの間で否定性・異質性を消し去った透明なコミュニケーションがとり交される。科学や公文書のディスクールがその典型だろう。

C　テオーリア——コスモス　しかし、カオスにおけるセミオティックな否定性は、それだけで完全に吸収し尽くされはしない。そこで、否定性を特殊な位置に囲い込み、車を回し続けるネズミのように不毛な永久運動をさせておくメカニズムが創出される。それによって否定性は自らの上にぴったりと折り重ねられ、一切の物質性、一切の物質的・性的生産から切り離された所で、回転し続けるのである。これを担うのは、俗世間から隔絶した生活を送る教団型の組織——とりわけ、ホモセクシュアルな擬制的兄弟団——である。そこは日常の世界から見れば、いわばあべこべの世界だが、それだけ一層リジッドなハイアラーキーを作っている。実際、ノモスの逆転が、ハイアラーキーの不在にではなく、より厳格なハイアラーキーの形成につながることは、決して珍らしくない(102)。その成員は、いわば「否定的なもののスペシャリスト」であり、「交換の外、社会の外」にあって、完全に抽象的な空文句を唱え続ける、と言うより、彼らは実質的には何も言わず、ただ自らを反復し続けるのである。念仏はその典型的な例たりうるだろう。一般的に見ても、供犠を司る祭司から現代の知識人に至るまで、この種の活動の担い手は聖職者であった。否定性を聖なるもののうちに吸収し、囲い込まれた円環運動に動員することで、ノモスの安定化に貢献するという意味において、これまでの用法との多少のズレにもかかわらず、Cを聖なるものとしてのコスモスに対応させることが許されるだろう。なお、無内容でヒステリックな反復に満ちたファシズムのディスクールが、クリステヴァによるCの特徴付けとよく一致するように思われるのは、大変興味深い点である。

D テクスト - 実践――カオス　否定性がCの呪縛をふり切り、ヒステリックな強迫的反復をやめて、実在の中に再導入されるとき、真の侵犯が始まる。既成の象徴秩序は解体されて無限へと開かれ、ダイナミックな組み換えが行なわれるであろう。Cにおける否定性の現われが画一的だとすると、Dにおけるそれはあくまで多形的であり、あらゆる方向《サンス》に溢れ出て、既成の象徴秩序を炸裂させずにはおかないのである。これこそ、セミオティックのサンボリックへの侵犯としての、従って、意味形成過程の十全な実現としての、詩的言語の地平に他ならない。ここで言うテクストとは、この詩的言語を体現するものである。

勿論、Dは非言語芸術をも含んでいる。さらに注目すべきは、クリステヴァが労働と革命的実践をDに加えていることである。Dは、マルクスの「真に自由な労働」という規定によって総括されるとさえ言えるだろう。ただ、その担い手は、古典的プロレタリアート像とはかなり趣を異にする。それは、もはや主体ではなく、主体ならざる人間＝非順応者(homme non-assujetti)、過程化された主体(sujet en procès)なのである。構造の担い手へと還元しつくされるかに見えた主体は、詩的言語の分析において再びその姿を現わす。しかし、それはもはや首尾一貫したパロールの主体ではなく、象徴秩序に包摂されざる過剰性を身に帯びた主体、フロイト的分割を内に孕んだ主体となっているのである。

以上の類型論は示唆に富んでおり、以下でいくつかの方向からその含意を探ってみることにしたい。

(99)　RLP・A-I-13。
(100)　RLP、特に一一二〜四頁を見よ。
(101)　フロイト「人間モーセと一神教」吉田訳『改訂版フロイド選集・第8巻』(日本教文社)九二頁。
(102)　上野千鶴子の前掲論文におけるヴィクター・ターナー批判(一〇九頁)は、この点で極めて示唆的である。

6-4 EXCÈSの行方

まずAとBを考えてみよう。ドゥルーズ＝ガタリの読者なら、Bを彼らの言う超コード化（surcodage）と比較してみたくなるに違いない。それらはいずれも、抽象化された同質的空間に硬い線で描き出された階型的累進構造に対応する。一方、ドゥルーズ＝ガタリの言うコード化（codage）においては、Aと同じく、柔らかな線で描かれた社会組織があるだけである(103)。但し、ドゥルーズ＝ガタリの場合、それが描き込まれる《地》は、家族ではなく大地である(104)。実際、ドゥルーズ＝ガタリの視点からすると、Aは近代社会における家族概念の不当な一般化ということになるだろう。しかしまた、近代社会の像として見るならば、否定性が私的な場に囲い込まれていて公的な場にまで噴出することはないという構図は、示唆するところが大だと思われる。

さらに、CとDにおいて、カオスの否定性の侵入の二つの形態が区別されている点は、極めて興味深い。この両者の対比は、しばしば宗教と詩の対比として語られてきた。例えば、オクタヴィオ・パスは次のように述べている。「まったくの寄生虫たる詩人は、宗教が組織しては分配するような未知の力を社会のために吸引する代りに、それを不毛な、そして反社会的な企てにおいて分散させてしまう。詩人は感応において、この世の秘めたる力、つまり宗教が官僚的機構を通して誘導し、利用しようと努めている力を発見する。そして詩人は、ただそれを発見し、その中に沈潜するだけではない――詩という、奇妙な、魔術的なからくりをなす言葉の中に鼓動させることにより、その戦慄的な力を赤裸々に他人に示すのである。聖なるものであったり、また時には呪われたものであったりするその力が、肉体的、精神的交渉のクライマックス時に、蠱惑的に湧き上るエクスタシーの力、眩暈の力であると言い添える必要があろうか？」(105)

このようにして予感されてきたCとDの対比を最も切実な問題として考え抜いたのは、バタイユである。バタイユにとって、この問題は《ファシズムか祝祭的革命か》という形で現われる(106)。バタイユの考える革命とは、日常の同質的な社会構造――ノモス――の惰性と退嬰を一掃すべく、異質的な「呪われた部分」たるカオスの噴出によって非日常的な時空を切り開くことに他ならなかった。一方、ファシズムもまたカオスの否定性を巧妙に動員していることは疑いを容れない。「ファシズムの煽動者たちは、明らかに異質的存在に属している。」彼らを超越的な位置に押し上げているのは、「事物の規則正しい流れや、穏やかではあるが無味乾燥で、自らを保持し通せない同質性を破壊する力」なのである(107)。してみると、両者はかなり近接しており、ブルトンがバタイユに「超《シュル》ファシズム」というレッテルを貼ったのも無理はないとすら言えるだろう。そこで、バタイユにとって、ファシズムとの間に一線を画することが大きな課題となり、「異質的世界の根源的二元論」(108)を明確にするための努力が続けられることになる。その中で第一に強調されるのは、カオスの流入が、やがて高みにある中心に向けて画一的に収束していくか、あくまでも低い所にとどまって多形的な散乱を繰り広げるかという対立である。ファシズムはカオスを動員することによって腐朽したノモスを解体することには成功したものの、その代わり、非日常的な原理に基づく極端にリジッドな宗教的・軍事的ハイアラーキーを打ち立ててしまった。それは「組織の最も閉鎖的な形態」(109)であり、その頂点に立つ者は、あの中心0に、つまりは神に、似通ってくる。無頭のカオスの流入がその反対物に転化するのである。これに対して、バタイユは、「腐敗した土壌」を掘り進む「老練なもぐら」たろうとする(110)。鷲——直接にはブルトン一派を批判するためのフィギュールだがナチスのマークでもある——が「カエサルの天空」を太陽に向かって飛んでいる間に、モグラは「ディオニソスの大地」に縦横に坑道をめぐらし(111)、やがて、あくまでも多形的な「地質学的蜂起」を実現させるだろう(112)。夜の闇の中で生ずる猥雑な侵犯行為。こうした革命のイメージ——残念ながらイメージでしかないのだが——を語るバタイユは、『文学と悪』におけるジュネ批判にもかかわらず、「レジスタンスは、陰毛のなかから筋ばった陰茎が身をもたげるように、叢林のなかから出現し、打ち建てられたのだ」(113)と語るときのジュネと、意外に近い所にいるのではなかろうか？

以上の議論を踏まえて、バタイユにおけるCとDの対立に別の角度から照明を当ててみよう。前に図5で示した通り、象徴秩序の生成過程において、中心はまずノモスの平面の下方に悪魔0'として析出され、それが垂直に上昇して、ノモスの平面を見おろす神0となる。この枠組みで言えば、Cは0を崇拝すること、Dは0'を直視することに対応するだろう。0はいわば太陽のようなものである。オイコスの薄暗がり、ノモスの中庸の明るさに飽きたとき、人々は周期的に祝祭を行なって太陽の強烈な光を浴びる。しかし、ここで太陽を直視してはいけない。そんなことをすれば、『パイドン』においてソクラテスが忠告している通り、目を悪くするおそれがある。とすると、正確に言えば、0は「眼の無能力のせいで止むなく太陽を去勢せざるを得ない者」(114)にとっての太陽だったのである。しかし、ここであえてそれを凝視してみてはどうか？ そのとたん、目は灼きつぶされて、闇の中で無頭のカオスが噴出することになろう。0であったはずの太陽は、今や0'として現われる。それは、カオスの中心というよりも、多頭の怪物そのものである。0'はキリストに答えて言っている。My name is Legion, for we are many.(115)この怪物を直視したヴァン・ゴッホはためらわず耳を切り取り、「封筒に入れて贈られた背筋の寒くなる耳は、解放の儀式がその内部で腑甲斐なくも挫折していた呪術の円環から、突如として飛び出すのである。」(116)(傍点引用者)ここでは、ファシズムの問題と取り組む以前の『ドキュマン』における記述からいくつかのモチーフを拾ってみたのだが、それが後のファシズム論への伏線になっていると共に、そこここでクリステヴァの議論と脈を通じていることを、見てとることができるだろう。

バタイユについて付言しておけば、彼の言うコミュニカシオンが明らかにDにかかわるのに対し、一般のコミュニケーションはBを構成する定型的な相互作用にすぎない。バタイユ自身、この区別の必要性を述べているが(117)、要するに、コミュニケーションが一貫した関係のネットワークを形作り、その交点に定型的な主体を析出させるものだとすれば、コミュニカシオンはそうした場や主体を解体の危機に直面させるものだと言っていいだろう。前者は真にコミュニカシオンという名に値するものではないとバタイユは言う。例えば、「通念とはちがって、言語はコミュニカシオンではないのだ。そうではなくて、コミュニカシオンの否定、少なくとも相対的否定なのだ。」(118)閉じた円環に奉仕するものとしての女や財の交換もこれに準ずる。真のコミュニカシオンにおいては、円環は解体され、諸存在は自己の安全性を投げうって死の危険に身をさらさねばならない。「諸存在のコミュニカシオンは傷を負わない完結した存在間には成立しない。」(119)「コミュニカシオンはひとつの欠損を、『断層』を要求する。それは死とおなじく、鎧の欠損部から入ってくる。」(120) すでに見た通り、象徴秩序の中において、定型化された各々の主体は殻の中に満たされざる裂開を抱えている。普段は隠蔽されているこの裂開をコミュニカシオンが暴力的に押し開いてみせるとき、BはDへと変貌するのである。「裂傷の中にこそコミュニカシオンを摑みとる者にとっては、コミュニカシオンとは罪であり、悪である。それは既成秩序の破壊である。」(121) 以上を要約して次のように述べることができる。「すべてのコミュニカシオンは、裂け目、自分の外に出ること、外在性、外在性への主体の『喪失』を必要としている。それは、破壊と死の基礎の上で実現される（供犠と性活動とはその特権的な例である）。コミュニカシオンへの道、いっさいの言葉の彼岸での絶頂への到達が可能となるのは、存在の、私の存在の、『他者』の存在の完全性を賭けることによってだけである。」(122)

このコミュニケーションとコミュニカシオンの対比を別な面でとらえてみよう。コミュニケーションにおいて、主体MとNは対象mとnをとり交す。そのことによってMとNの自己同一性はいささかもゆるがない、と言うより、そのような交換が自己同一性を構成しているのである。他方、コミュニカシオンにおいては、ボードレールの「恋人たちの死」における表現にならって言うと、両者は「唯一の稲妻（un éclair unique）を交換するだろう」(123)。二者が唯一の対象を「交換」するとき、場はトポロジックな変形を余儀なくされ、両者の自己同一性そのものが解体されることになる。ここで我々は「完璧なコミュニカシオンは、燃えあがる炎に、落雷における放電に比べられる」(124)というバタイユの言葉を想起するのである。なお、最後の引用が示唆する通り、バタイユの、ひいてはクリステヴァの、Dのヴィジョンは、闇の中の盲目的な溶岩の噴出のようなものでは決してない。「私が夜と名づけているものは思考の闇とはちがうのだ。この夜は光にも比すべき暴力を持っている。」(125)否定性について先に述べたことを想起すれば、この言葉を了解することが可能になるだろう。

最後に注目しておきたいのは、クリステヴァが労働と革命的実践をDに含めていることである。とくに前者は「何らかの具体的な社会の交換の構造に従って物象化される時点ではなく、実際に行なわれる時点における労働過程」(126)であるとされる。こうした、交換体系による規定以前の労働、価値をもたずサンスから自由な労働を、クリステヴァはかつて身体と支出の概念を用いて語った(127)。これを批判したのがボードリヤールである(128)。ボードリヤールは西欧を支配してきた原理を「生産的エロス(Eros productif)」(129)「構築的エロス(Eros constructif)」(130)としてとらえ、タナトスの認識によってそれらは無効になったと考えて「生産の終焉」(131)を宣言する。そこから見ると、クリステヴァもまた、能産的身体を基礎とするエロス的生産という構図にとらわれているかに見えるわけである。ところが、クリステヴァがDとして提示する労働は、もはやエロスに導かれたそれではない。むしろ、否定性の運動こそが労働の原動力であるとされるのである。この点で、クリステヴァはボードリヤールの批判を見事にかわしてみせる。ただ、エロス的統一という構図のしたたかさを軽視してはいけない。例えば、マルクーゼも否定性によって労働の存在論的基礎付けを行なっている(132)が、それはヘーゲル的な否定性であって来たるべき統一を暗に想定しており、クリステヴァの観点からは厳しく批判されねばならない。また、芸術に戻って言うと、バタイユの僚友として「無頭」の像を描いたマッソンの絵画は、否定性による生産のすぐれた一例であるが、エロスの思想はマッソンの絵画と向かい合ったサルトルに「炸裂のユニテ」(133)を語らせてしまうのであった。言うまでもなく、実際には、あらゆるユニテの炸裂こそが問題なのである。

冷たく結晶化した象徴秩序からとり残された部分。この過剰なる部分の突き上げによって生産が行なわれ、象徴秩序は新たな形に更新されていく。勿論、生産されたものはその都度ただちに差異の網目にすくい取られる。従って、共時的な断面をとれば、象徴秩序はつねに‐すでに完結した構造として現われる。廣松渉が見事に示した通り、この構造を考えることによって、交換の場で諸々の対象が互いにどのような姿で現われるかを、完全に説明することができる。しかし、それですべてという訳ではない。外部の侵入に他ならい生産によって、構造はダイナミックに変動する可能性をもつのである。これこそ、我々がクリステヴァの論述から抽出することのできる理論的核心である。

(103) ドゥルーズ＝ガタリ、AO第Ⅲ章。さらに、前掲 *Mille plateaux* の中の 9. 1933 Micropolitique et segmentarité, 特に二七一頁を見よ。彼らの理論については第四章で扱う予定である。

(104) さらに、コード化の段階では主体は形成されず、部分対象がそのまま大地の上に配列されるというヴィジョンが示されている。この視点からすると、本章の象徴秩序の記述は、近代西欧の原理の不当な拡張——つまり《エディプス》の拡張——として、批判されざるを得ないだろう。この問題については改めて詳しく検討したい。

(105) オクタヴィオ・パス「孤独の詩と感応の詩」牛島訳『現代詩手帖』一九八〇年九月号。なお、山口昌男もクリステヴァ論の中でパスに言及している。「女性の記号論的位相」『思想』一九七九年四月号を見よ。

(106) バタイユがこの問題をどう受けとめたかについては、富永茂樹が手際よく整理している。「ジョルジュ・バタイユあるいは社会学の沸騰」河野編『ヨーロッパ－一九三〇年代』（岩波書店）所収。

(107) バタイユ「ファシズムの心理構造」片山訳『バタイユ著作集・第11巻』（二見書房）二三六頁。

(108) 同二三九頁。

(109) Georges Bataille, *Œuvres complètes, I,* Gallimard, p.467.（以下OCと略す。）

(110) バタイユ「『老練なもぐら』と超人および超現実主義者なる言葉に含まれる超という接辞について」出口訳『バタイユの世界』（前掲）三八三頁。

(111) バタイユ　OCⅠ四八一頁。

(112) 註（110）と同じ。

(113) ジュネ『葬儀』生田訳（河出書房新社）二八八頁。

(114)『バタイユ著作集・第11巻』（前掲）一一七頁。このすぐあとで、バタイユは太陽を直視することと斬首とを関連させて論じている。実際、禁じられたものを直視すること、即ち絶対的な距離をあえて乗りこえることによって、超越的な位置に留保されていた中心0は高みから引きずりおろされ、カオスの中で0'として多形的な姿をさらすことになるわけだが、見方をかえれば、これは超越的な中心0の斬首に他ならない。この斬首の瞬間こそ、デリダが「留保《レゼルヴ》なき」思考と呼んだバタイユの思考が荒々しく跳躍する時なのである。なお、中心0を一般的等価物という経済学的なフィギュールで表わした上で、「一般的等価物の思考の首を切って落とすこと」によって無頭のテクスト的思考の領野を開こうとしたのは、「貨幣の考古学」におけるグーであったが、バタイユ研究家のオリエも、グーの論点をふまえて興味深い展開を行なっている。Denis Hollier, *La prise de la Concorde*, Gallimard, p.215-236 を見よ。

(115) マルコ伝5－9。

(116)『バタイユ著作集・第11巻』（前掲）一七四頁。

(117) 例えば、『バタイユの世界』（前掲）五六三頁や『有罪者』出口訳（思潮社）二八一頁を見よ。

(118)『有罪者』（前掲）一三三頁。

(119)『バタイユの世界』（前掲）五一六頁。ただし、この文章自体はクロソウスキーによるバタイユの論旨の要約の一部である。

(120)『有罪者』（前掲）五九頁。

(121) 同一二八頁。

(122) レイ「賭」横張訳『バタイユの世界』（前掲）二七七頁。

(123) この表現についてはバルトのすばらしい記述がある。『恋愛のディスクール・断章』三好訳（みすず書房）二二八頁を見よ。

(124)『有罪者』(前掲)二八五頁。
(125)同二二一頁。
(126)RLP九八頁。
(127)Julia Kristeva, *Sēmeiōtikē: Recherches pour une sémanalyse*, Seuil, p.36.
(128)ボードリヤール『生産の鏡』宇波・今村訳(法政大学出版局)二七〜三三頁。これについては今村仁司の紹介がある。『労働のオントロギー』(勁草書房)第五章を見よ。
(129)ボードリヤール、同書一頁。
(130)ボードリヤール『象徴交換と死』(前掲)三〇九頁。
(131)同二四頁。
(132)マルクーゼ「経済学的労働概念の哲学的基礎について」田窪訳『文化と社会・下』(せりか書房)所収。
(133)サルトル「マッソン」宇佐見訳『シチュアシオンⅣ』(人文書院)三三〇頁。

7 《女》について

我々は、侵犯というキーワードを軸に、象徴秩序とその外部の相互作用を検討してきた。ここで、その枠組全体を脱‐構築する方向への入口なりとも確保しておくことにしたい。すでにデリダやドゥルーズを引きながら、象徴秩序を一応完結した共時的構造として考えるという立場への疑問を何回か呈示してきたわけであるが、一方、その外部を外部として輪郭付けることにも、何らかの問題があるのではなかろうか？　この問いは、我々を《女》の問題へと導くことになる。

例えば、クリステヴァは、サンボリックを父の命ずる言葉の場として極めて父権的な相でとらえる一方、そこから遡行して見出されるセミオティックを「乳母であり母である(nourricier et maternel)」(134)と性格付けている。つまるところ、サンボリックは《男》でありセミオティックは《女》である。《女》は《男》に抑圧され深層に身を潜めるが、時として抑圧をはねのけて噴出し、《男》の秩序を解体すると共に再活性化する。実際にも、女性はDにおけるカオスの介入の担い手の重要な一翼を占めるものと言えるだろう。カオスは、共同体の外から訪れる異人や、通過儀礼における境界状態の個人を通して入ってくる以外に、構造内に明確な位置をもたないはみ出し者や、構造内で最下層に抑圧された者をも、その担い手とする。記号論的に言って有徴《しるしつき》の要素である女性は、最後に挙げた構造的劣位者——ヴィクター・ターナー(135)の原義に山口昌男(136)の解釈を加えた意味においてーーの典型と言えるだろう。クリステヴァは『中国女』(137)において女性をこうした《負》の存在としてとらえるとともに、そこに象徴秩序を転覆する潜勢力を見出している。

けれども、《女》とは本当にそのようなものだったのだろうか？　むしろ、それは、《男》

の側に視点を置いた上で見出された《女》の像にすぎないのではなかったか？　これこそニーチェの、そして、デリダの問いである。彼らは、《男》の側から遡行して《女》を見出すといった安全策を講ずることなく、端的に《女》を直視する強さをもっている。そのとき、《女》は、抑圧を耐えしのび、時に抑圧をはねのけて反乱を起こす存在という、余りにも単純な仮面を投げ捨て、複雑怪奇な姿を現わすだろう。「女たちは、従属することによって圧倒的な利益を、のみならず支配権を確保することを心得ていたのである」(138)とニーチェは述べている。言いかえれば、《女》は、奪われるがままになり、時に奪回に立ち上がる存在ではなく、与えることによって奪う存在なのである。「女の本質的賓概念である贈与は、自らを与える＝身を委ねる／自らに対して与える＝身を委ねるふりをする、与える／奪い取る、奪い取らせる／わがものにする、という決定不能な動揺のなかに現われていたものであるが、それには毒薬の価値もしくは費用＝犠牲がある、パルマコンの費用＝犠牲が。」(139)デリダはこう書いたあと、先に述べたギフトの決定不能性を想起しているが、ここに、「ゲルマン諸語では『ギフト』gift という言葉は、今でも、『贈り物』と『婚約』という二つの意味をもっている」(140)というレヴィ＝ストロースの指摘を接木することによって、我々は hymen の決定不能性(141)へと導かれるのである。

hymen とは何か？　それは婚姻であると同時に処女膜でもある。コイトゥスによる連続と融合であると同時に、女の外と内を分かつ——ただし不完全に——ことによって処女性を保護するヴェールでもある。後者が「女の外と内の間に、従って、欲望とその成就の間にある」(142)ものだとすれば、前者はそうした分割と距離を無化することに他ならない。結合と分離、疏通と遮断、破ることと破られないことの、この決定不能性。ところで、象徴秩序とその外部、あるいは、サンボリックとセミオティックとして語ってきた二元構造は、その実、このような hymen 構造だったのではなかろうか？　してみると、抑圧／被抑圧と侵犯という弁証法のロジックではなく、「hymen の、もしくはパルマコンのグラフィック」(143)——それはもはやロジックではない——こそが問題なのではなかったか？

ニーチェは、この立場に立つ者こそ「真の女の味方」(144)であると言っている。しかしまた、この立場からすると、二元構造を踏まえて抑圧への反乱を説く女たち、いわば男になろうとする女たちほど、批判されるべきものはない。これがニーチェを反フェミニズムへと駆り立て、ニーチェが女性蔑視の思想家であるかのような錯覚を生んできた。しかし、「実のところ、ニーチェが大いに嘲笑を浴びせているフェミニストの女たちは男性なのだ。フェミニズムとは、女が男に、独断的な哲学者に似ようとする操作であり、それによって、女は真理を、科学を、客観性を要求する、即ち、男性的幻想のすべてをこめて、そこに結びつく去勢の効力を要求するのである。」(145)けれども、《女》とは、外見の美しさと軽やかな決定不能性によって、「物自体の——決定可能な——真理のエコノミー、あるいは、決定者としての去勢のディスクール（プロかアンチか）」(146)の閉域を、つまりは、「真理‐去勢の罠」(147)を、やすやすと摺り抜けるものではなかったか？「女は真理を欲しない。女にとって真理など何であろう。女にとって真理ほど疎遠で、厭わしく、憎らしいものは何もない。——女の最大の技巧は虚をつくことであり、女の最大の関心事は見せかけと美しさである。われわれ男たちは告白しよう。われわれは女がもつほかならぬこの技術とこの本能をこそ尊重し愛するのだ。われわれは重苦しいから、女という生物と附き合うことで心を軽くしたいのである。女たちの手、眼差し、優しい愚かさに接するとき、われわれの真剣さ、われわれの重苦しさや深刻さが殆んど馬鹿々々しいものに見えて来るのだ。」(148)ニーチェはこう述べている。

このような立場からすると、クリステヴァの二元論は余りにも男性的なものとして脱‐構築されざるをえないだろう。構造主義のサンボリック一元論と、クリステヴァのサンボリック／セミオティック二元論の落差は、決して小さくないが、その二元論とデリダのhymen構造の間には、はるかに大きな隔たりがある。クリステヴァが差異の共時的体系とその外部の相互作用を分析するのに千言万語を費しているのを後目に、デリダは初めから差異と同一性や共時態と通時態の双対性をとびこえた差延化のたわむれを語ってみせるのである。それにしても、差延化といい、パルマコンといい、hymenといい、デリダがのっけからあからさまに舞台に上せるこれらの言葉たちは、蓮實重彦が述べたように(149)、それを言ってしまえば何もかもおしまいだという類の言葉ではなかったろうか？　口に出して言わずにおいたまま、それに無限に漸近していく長い長い道筋を辿る方が、有効な戦略なのだとしたら？　それは措くとしても、デリダの戦略は侵犯のエネルギーを中性化してしまうという、クリステヴァの弱々しい批判(150)を、簡単に黙殺するわけにはいかないだろう。ともあれ、デリダの恐るべき書き手がそうした言葉たちを敢えて書きつけてしまった時から、我々はそれを避けて通ることができなくなったのである。

(134)　RLP二五頁。
(135)　ターナー『象徴と社会』梶原訳（紀伊國屋書店）第4章。
(136)　山口昌男『文化と両義性』（前掲）第6章。なお、註（105）で挙げた「女性の記号論的位相」をも見よ。
(137)　クリステヴァ『中国の女たち』丸山・原田・山根訳（せりか書房）。
(138)　ニーチェ『人間的な、あまりに人間的な』四一二。
(139)　デリダ『尖筆とエクリチュール』白井訳（エピステーメー叢書）一八〇～二頁。なお、本書の周到な訳と訳註は極めて有益である。
(140)　レヴィ＝ストロース『親族の基本構造』（前掲）一四八～五〇頁。
(141)　Jacques Derrida, La double séance, *La dissémination*, Seuil. なお、註（59）でも触れた豊崎光

一の読解は、ここでも大変参考になる。
(142) Ibid., p. 241.
(143) デリダ『尖筆とエクリチュール』(前掲) 一四〇頁。
(144) ニーチェ『善悪の彼岸』二三二。
(145) デリダ『尖筆とエクリチュール』(前掲) 八六頁。
(146) Jacques Derrida, *Glas*, Galilée, p.254.
(147) デリダ『尖筆とエクリチュール』(前掲) 六九頁。
(148) ニーチェ『善悪の彼岸』二三二。なお、以上の問題については、Sarah Kofman, *Nietzsche et la scène philosophique*, 10/18, p.285-294 及び Jean Baudrillard, *De la séduction*, Galilée を見よ。
(149) 蓮實重彦『事件の現場』(朝日出版社) 一六六〜七頁。
(150) RLP・A-II-6を見よ。この節は、La non-contradiction: la paix neutre と題されている。一方、デリダは、二元対立の脱-構築にあたっては、もとの対立におけるハイアラーキーを逆転する局面を経ることが不可欠であるとし、それを軽視すること、即ち、「以前の対立に働きかけうるいかなる影響力も保有しないままで、ある種の中立化にあまりにてっとり早く移行すること」の危険性に警告を発してはいる。『ポジシオン』高橋訳(青土社) 六〇頁を見よ。こうしてみると、彼女の批判がデリダによくあてはまるかどうかは疑わしいが、ボードリヤールの中性的一元論を撃つことはできるだろう。彼は『象徴交換と死』(前掲) において無意識概念すら超えるべきものとしているが、後に残るものといえば、一様な記号の流動のみであるように思われる。

8　《近代》について

前節で扱ったのが《原理論》の問題だとすれば、以下で扱うのは《段階論》の問題である。近代以前の社会を冷たい社会、近代社会を熱い社会とするレヴィ＝ストロースの理念型を借りよう。そして、前節の批判にもかかわらず、冷たい社会に関しては、スタティックな象徴秩序の存立と周期的な祝祭によるカオスの侵入、という構図を認めることにしよう。その上で、この構図を熱い社会に適用しうるかどうかを問題にするのである。

まず気付かざるをえないのは、熱い社会はスタティックな象徴秩序をもたない——もっていたとしても弛緩しきっていて余り重要性をもたない(151)——ということである。この事実は驚くにあたらない。近代社会は、先行する諸々の局所的象徴秩序を解体すること——ドゥルーズ＝ガタリ(152)にならって言えば脱コード化（décoder）すること——によによって成立した、グローバルなアトム化を背景とする社会だからである。そこには、リジッドな枠組としての象徴秩序もなければ、それを突き破って噴出する祝祭の混沌もない。すみずみまで脱聖化された同質的な空間の中で、史上類例のないダイナミックな運動を続ける社会、それが近代社会なのである。

近代社会のダイナミズムは脱コード化の必然的帰結である。脱コード化の結果、コスモスは沈黙せる無限空間へと還元され、ノモスは解体して人々は共同体の外に放り出される。コスモス－ノモス構造の解体は、そのままでは文字通りのアノミーに、つまりカオスの全面展開に、つながりかねない。今や新たな解決が求められることになる。ここで近代社会がとった解決は、極めて陳腐なものと言っていいかもしれない。象徴秩序の紐帯が緩みきった所で、EXCÈSを抱えてじっとしていることに耐えられなくなったとき、人々はわれがちに一方向へと走り出す。何か絶対的な到達点があるわけではない。走ることそのものが問題なのである。一丸となって走っている限り、矛盾は先へ先へと繰り延べられ、かりそめの相対的安定感を得ることができる。しかし、足をとめたが最後、背後から迫って来るカオスがすべてを呑み込むだろう。それを先へ先へと延期するためにこそ、絶えざる前進が必要になるのである。こうして、近代社会は膨大な熱い前進運動として実現されることになる。

象徴秩序とカオスの二元構造と侵犯の論理は、ここでは無効である。あのEXCÈSは、一歩でも余計に進もう、少しでも余分な何か（etwas Mehr）を生産しようとする日常の前進運動そのものの中に、恰好の捌け口を見出す。過剰な方向＝意味《サンス》を象徴秩序に取り込み、差異の束としての高次元の象徴的意味《サンス》のうちに結晶させるというのが「冷たい社会」におけるスタティックな解決だとすれば、それを一定方向《サンス》に回路付け果てしない前進へと駆りたてるというのが「熱い社会」におけるダイナミックな解決であり、前者が周期的祝祭という仕掛けによって補完されねばならないのに対し、後者はそのような必要を認めないのである。バタイユは「成長は正常化をもたらす、すなわち無秩序な沸騰を実り豊かな事業の規律性に向かって排出する」と認めつつも、「……成長は本来が一種の暫定状態である。無限に持続するわけにはいかない」と述べている(153)。けれども、逆に、常に「暫定状態」であるからこそ、際限なく前進を続けられるのだとしたらどうだろうか？　バタイユの期待にもかかわらず、日常世界そのものがカオス的な運動性を吸収し続ける近代社会において、カオスの爆発の必然性を示すのは困難である。

実際、近代社会は、いわば世俗化された持続的ポトラッチという様相を呈する。そこでは、全員が他人を出し抜いて一歩でも先へ進むことだけを願っており、ある意味で、カオスにおける相互暴力のミメティスムが再現されているのである(154)。ただ、今度は競走の行なわれる方向だけは一義的に決められているところが違う。勿論、この競走がそもそも不均衡累積過程である以上、そのコースは究極のゴールを持たない。そのつどのゴールが先へ先へと繰りのべられていくことによって、競走が永続化されているのである。また、絶対的な速度の基準があるわけでもないから、そのつど他人より速く進むことだけが至上命令となる。例えば、イリイチの言う通り、近代社会において問題なのはgood／badではなくbetter／worseなのである。次々と新たな差異が作り出され、そのポテンシャルの差はただちに運動エネルギーに変換される。このように、冷たい社会がスタティックな差異の体系をなすのに対し、熱い社会は、むしろ差異化様式とでも呼ぶべき仕組を備えている、言いかえれば、差異の体系そのものが差異化の累積的進展というダイナミックな契機を孕んでしまっていると、考えることができるだろう(155)。

こうした仕組をもつ近代社会は、祝祭の興奮を知らない。そしてまた、《外》なるものとしての異質な象徴秩序と出会っても、衝撃を受ける気配すら見せないのである。リジッドな象徴秩序をもたない近代社会は恐るべきフレキシビリティを備えており、いかに異質なものであろうと、こともなげに脱コード《デコデ》化し解読《デコデ》して、自らのうちに取り込んでしまう。それゆえにこそ、近代社会は史上初めてグローバルな同質的空間を形成するに至ったのである。そこでは、パック旅行に出かけたり、人類学の本を読んだりすることで、気軽に異文化との《出会い》を楽しむことができるばかりか、精神分析医に無意識を解読《デコデ》してもらうことが流行するまでになる。近代社会の誇る科学技術の《進歩》にしたところで、ひとつの確固たるパラダイムを基礎として成しとげられたというより、いくつもの相矛盾するローカル・パラダイムが競合を繰り返すことによってはじめて実現されてきたのだということは、歴史を辿ればすぐわかる通りである。

こうした畸型的とも言うべき事態は一体どうして生じたのか？　今、この問いに答える用意はない。ただ、脱コード化過程において、局所的な共同体間の財の交換が共同体内に折り返されて象徴秩序を侵食するというプロセスが、極めて重要な役割を果たしたことは、疑う余地がないだろう。もっとも、すでに述べた通り、冷たい社会においては共同体の内と外が峻別されており、外部との交換に際してカオスが乱入してくるのを防ぐ万全の策が講じられていた。従って、交換が共同体の内部にまで入って来るというプロセス自体を説明しなければ、脱コード化を説明したことにはならないのである。マルクスは、「商品交換は、共同体の果てるところで、共同体が他の共同体またはその成員と接触する点で、始まる。しかし、物がひとたび共同体の対外生活において商品となると、それはただちに、反作用的に、共同体の内部生活においても商品となる」(156)と述べており、それを一般化して、「集合態的な関係《ゲゼルシャフト》」は「共同態的な世界《ゲマインシャフト》の限界を外延的にのりこえて展開していくと同時に、内包的にもこれを解体し風化し再編成していく」(157)という定式化が行なわれている。けれども、共同体の象徴秩序がそう簡単に侵食されるものではないという経済人類学の知見を考えると、こうした簡単な思考図式の説明力は決して満足すべきものではないと思われる(158)。さらに実証研究に学ぶべき所であろう。とは言え、プロセスではなく最終的結果を見る限りは、共同体間の関係が共同体内に浸透し尽くした社会を近代社会と考えることができるのである。

このようにして、共同体間に始まった財の交換が広く一般化されるとき、あの中心析出の運動が新たな次元で繰り返され――ただしあくまでも論理のレベルにおいてだが――、中心に一般的等価物としての貨幣が生み出されることは、言うまでもない。ここでは、貨幣の生成過程は個々の象徴秩序の解体過程として現われる。それが貫徹されたとき、そこにはグローバルな同質的空間と唯一の中心としての貨幣が残るだろう。但し、この中心が複雑な性格を帯びていることに注意せねばならない。象徴秩序の生成過程において中心として析出された、父とその言葉は、絶対の彼方から響いてくるものであったが、貨幣の析出にあたっては、中心がある特定の商品――歴史的には金ないし銀――の自然形態に固着し、可視的・此岸的な姿をとるというプロセス――一般的価値形態から貨幣形態への移行――が必要とされる。マルクスがここで、実用性の乏しさと美的な特質の双方が金銀を「過剰の十全な存在形態」(159)「余剰と富の積極的形態」(160)とすることに注目し、「ブルジョア的生産は、富を一個の物の形態をとった物神として結晶させざるをえないから、金銀は富の適当な化身である」(161)と述べているのは、非常に興味深い。抽象的な中心析出の論理が、こうした余分とも見える記述を含まざるをえないということは、貨幣が、共同体間の交換において《ハウ》ないしギフト＝パルマコン的力能の担い手とされた特殊な財に由来するものであることを想起すれば、了解できるだろう。新しい中心としての貨幣は、こうしたアルカイックな色彩を捨て去ることができない。従って、貨幣はサンボリックな中心であると同時にイマジネールなフェティッシュであり、父に、さらにはファルスに対応すると同時に、肛門的な性格を強く帯びていると言わねばならないだろう。

ここで、フェティッシュについてフロイトの述べるところを聞こう(162)。父の禁止の言葉によって直接的な相互の結び付きは切断されることになるが、これが精神分析で言う去勢に他ならない。去勢の否認は「男児があると信じ、かつ断念しようとしない……女性(母)のペニスに対する代理物」(括弧は原文のまま)としてのフェティッシュを生み出す。ただ、そこにはデリダの言う決定不能なゆらぎがある。フェティシストは、女性のペニスへの信念を抱き続けるからこそフェティッシュに固執するのだが、その実、それを断念してもいるがゆえに、他のものがペニスの代理となっているのである。「非常にうまくできている例」においては、フェティッシュの構造の中に「去勢への否認も支持も同じように受け入れられている。」「このような、矛盾したものに二重に結びついているフェティッシュが、とくに長持ちすることはいうまでもない。」とすると、サンボリックな中心でもありイマジネールな偶像でもある貨幣は、とりわけすぐれたフェティッシュであると言えるだろう。フェティッシュは象徴界と想像界を結ぶ虫食い穴のようなものである。「欲望はいわば象徴界に開けられた穴から想像界へと逃げてゆく。」(163)それは、欲望の流れを恐ろしい吸引力でひきつけるブラックホールの如きものなのである。しかも、普通は人によって多形的な現われを見せるフェティッシュ一般と違って、近代社会の共同的フェティッシュとしての貨幣は、唯一の中心という規格をも備えている。こうして、多方向的な欲動の流れは整流器としての貨幣を通して一方向的な欲望の流れとなり、膨大な一方通行の過程が開始されることになるのである(164)。

　貨幣についての以上の素描は、未だかなりトリッキーな試論の域を出ない。しかし、「諸商品の神」としての貨幣において個別的な欲求が一般的・抽象的な欲望に統一され、無限へと開かれることは、広く認められている通りである。勿論、象徴秩序においても欲望の正規化は行なわれていた。しかし、それがスタティックで質的・内在的な形をとっていたのに対し、ここではダイナミックで量的・抽象的な形をとるのである。実際、象徴秩序において諸々の対象が差異の束として評価されていたのに対し、ここでは「貨幣は急進的な平等主義者《レヴェラー》として一切の差異を消し去るのである。」(165)このときすべては同質的なものに還元され、量的な評価を受けることができるようになるだろう。マルクスは、その同質的なものを抽象的人間労働として、その尺度を時間として、見出した。こうした一次元的な価値評価は、差異の体系としての象徴秩序が解体されてはじめて、新しい原理として出現したものである。そもそも、一様な流れとしての時間自体、冷たい社会の与り知らぬものではなかったか？「等質的な量としての時間が客体化されるのは、諸共同態《ゲマインシャフト》内部の質的な共時性をたがいに外的に通約することを必要たらしめるような、集合態《ゲゼルシャフト》的な関係の存立においてであった」(166)と真木悠介は述べている。

ともあれ、商品交換による脱コード化が一般的な規模で進行することによって、貨幣を整流器とする膨大な前進的流れとしての近代社会が成立してしまった以上、その現実を無視した議論はもはや有効性をもちえない。勿論、この現実を肯定しようと言うのではない。近代社会はあくまでも不均衡累積過程として実現されており、確たる目標もなく走り続けねばならないという強迫観念が、「象徴秩序の中の居心地の悪さ」に優るとも劣らぬ重苦しさで、人々の上にのしかかっている。にもかかわらず、我々は退路が何重にも断たれていることを確認しないわけにはいかないだろう。まず、疎外論的な戦略の無効性は明らかである。「はじめにEXCÈSがあった」以上、言いかえれば、始源を求めて遡って行ったとき見出されたのは始源からのズレに他ならなかった以上、疎外を克服して透明な始源の世界に回帰し、しなやかな心と体を介して自然や他者たちとコスモロジカルな交響を奏でるという夢は、はかない夢に終わらざるをえない。むしろ、こうしたユートピア思想は、カオスを導き入れるための仕掛けとして、意図されざる効果をもたらしてきたと言うべきかもしれない。しかし、今や、カオスの叛乱という図式自体もまた、有効性を失っている。すでに述べた通り、近代社会はそれ自体カオスの吸収装置とでも呼ぶべき仕組になっており、その融通無礙な機能ぶりは、侵犯のエネルギーをなしくずしに回収してしまうだろう。カオスの噴出による祝祭的革命というイメージは美しいが、ひとたび脱聖化された社会に祝祭の興奮をよびさますことは絶望的に困難である。

これは、まことに厄介な状況である。全く異質な何かを突きつけたり、「近代を超えるパラダイム」を提示したつもりでも、やがて気がついてみると、近代社会がそれらをパック化し、商品化して流れに乗せている光景に出会って、足をすくわれることになるだろう。とすると、一体どうすればいいのか？　おそらく、近代社会のドクサに対して外側からエピステーメーを突きつけることではなく、内側からパラドクサを作用させ続けることが問題なのではなかったか？　近代社会に内在しつつ、その前進運動が不均衡累積過程に他ならないこと、みんな平気で渡っているけれども信号は赤なのだということを示し、さしもの柔軟性を誇る近代のドクサを一瞬ずらせてみたときのマルクスのように？　それにしても、流れに身を潜め、整流作用の裏をかいてそこここに微妙な偏曲を作り出すという戦略はどうすれば可能になるのだろうか？　こうした問いは、我々を、例えばドゥルーズ＝ガタリの構想する分裂症分析（schizo-analyse）(167) の方へと導くことになろう。それは、しかし、「構造主義の復習とポスト構造主義の予習のためのノート」としての本章の範囲をこえる問題である。

(151) 従って、サーリンズのように近代社会の象徴秩序を《ブルジョワの思考》として析出する試みは、極めて部分的な理論にとどまらざるを得ず、恣意的になる恐れさえあると言えよう。(Marshall Sahlins, *Culture and practical reason*, The university of Chicago press, chapter 4.) 少なくとも、レヴィ＝ストロースの析出した《野生の思考》の一般性に比肩することは望むべくもない。

(152) ドゥルーズ＝ガタリ　AO第三章。彼らは資本主義社会を、一般的な脱コード化と脱属領化によって、特徴付けている。詳しくは本書第四章以下を見られたい。

(153) バタイユ『呪われた部分』生田訳（二見書房）五七頁。

(154) 従って、近代社会の分析にジラールの方法を適用することが、当然考えられる。成功していると言えるかどうかは別として、次の試みを参照されたい。Paul Dumouchel et Jean-Pierre Dupuy, *L'enfer des choses*, Seuil.

(155) 言うまでもなく、この観点から近代社会を見事に分析してみせたのは、ボードリヤール『消費社会の神話と構造』今村・塚原訳（紀伊國屋書店）である。

(156) マルクス『資本論』大月版全集第二三 a 巻一一八頁。

(157) 真木悠介『時間の比較社会学』（岩波書店）一六九頁。

(158) 栗本慎一郎『経済人類学』（前掲）第4章及び玉野井芳郎「交換の起源をめぐって」『現代思想』一九七八年七月号を参照せよ。

(159) マルクス『経済学批判』大月版全集第一三巻一〇六頁。

(160) 同一三二頁。
(161) 同一三二頁。
(162) フロイト「呪物崇拝」山本訳『フロイト著作集・5』(人文書院)。
(163) 市田良彦「生産と交換、あるいは体系《システム》とその外部」mimeo. 京都大学経済学部。
(164) 我々は近代貨幣のこのような性格を《クラインの壺》のモデルによって記述することになる。本書第五章を見よ。
(165) マルクス『資本論』(前掲)一七二頁。
(166) 真木悠介『時間の比較社会学』(前掲)一八二頁。
(167) ドゥルーズ＝ガタリ　AO第四章。

9　むすび　あるいは　はじまり

ウィトゲンシュタインにならって言えば、本稿はのぼったあとで投げ捨てるべき梯子として書かれている。今それをのぼりきったあなたは、さらに高みにむかって歩きはじめることができる。

付記　本章は、サーヴェイとして、さらにはリーディング・ガイドとして役立つよう配慮して書かれている。いささか変則的な引用の仕方をした場合もあるのは、そのためである。また、このサーヴェイでは記号論プロパーは視野の中に含まれていないことに注意しておく。本稿では象徴秩序をリジッドな構造としてとらえたが、それをもっとソフトで厚みのあるものとみなし、そこにおけるコノタシオンやメタランガージュの重なり、メタフォールやメトニミーの運動などに注目するのが、記号論だと言ってよい。記号論は社会科学にさまざまな知見を与えてくれるものではあるが、本稿の社会哲学的な視点からすると、細部にこだわることで本質を見失うおそれがあり、そのため、あえてこのような構成をとった。

第二章　ダイアグラム

――ヘーゲル／バタイユの呪縛から逃れ出るための

はじめに

「今日、だれもが知っている、バタイユは今世紀でもっとも重要な作家のひとりだ。」フーコーがバタイユ全集の刊行の辞にいささかの気負いをこめてこう書きつけてから十余年。当時は何ほどか挑戦的な響きをもちえたこの言葉も、現在では単なる事実確認として何の驚きもなく受けとられるばかりである。いま時代はバタイユのものとなった。

実際、ひとはバタイユ的言説をいたるところで容易に見出すことができる。理論の最前線と言われているところでも、例えば、サンボリックな秩序とセミオティックな否定性との二重構造を前提した上で、侵犯における後者の噴出に前者の組み替えと再活性化の可能性を求める、といったヴィジョンが提示されており、翻って極めてジャーナリスティックな場面を見ても、経済人類学者が人間を《パンツをはいたサル》と定義し、パンツの存在とそれをあえて脱ぐ侵犯の快楽との相補性を力説しているのが、否応なしに目に入るだろう。こうした言説のうちにバタイユの影響を見てとるには何の困難もないし、事実、バタイユの名が護符のように鏤められているのはごく普通のことなのである。

ここで、しかし、問わねばならない。バタイユが最も広い意味における神学的伝統、とりわけヘーゲル体系と格闘し、その転倒を企てた存在であるにもかかわらず、いやむしろそれゆえにこそ、我々の時代はバタイユを通じて、奇妙によじれた形ではあるが、ヘーゲル的な、ひいては神学的な問題圏に繋がれ続けているのではあるまいか。してみると、いま問題となるのは、バタイユと共に知の組み替えを図ることではなく、バタイユのさらに向こう側まで突き抜けようとすることなのではなかったか。

この点を簡潔に示すために、本章ではバタイユをひとつの単純なダイアグラムの中に埋め込むことを試みる。その過程において、前章で得られた構図をもういちど確認し、より大きなパースペクティヴの中で見直すことが、もうひとつの目的である。

なお、ここでは思想史的な厳密性を追うことはせず、逆に、論点の明確化のため暴力的とも言うべき単純化を行なう。以下に現われる固有名詞は、従って、単なるインデックスという以上の価値をもつものではないと考えていただきたい。

1 構造

1-1 カントは、主観に対して現象する対象はすでに人間主観にア・プリオリに具わった形式によって構成されたものであり、そのような構成に先立つ「物自体」について語ることはできない、と論じた。

現象界と物自体界、透明な表象体系とその外部の《暗部《ドゥンケルハイト》》。後にショーペンハウアーがこれを《表象としての世界》と《意志としての世界》という形で読みかえたことを付け加えることができる。

こうした二世界説は、最終的には、形相／質料、観念／物質の二元論に由来するものであり、実際、観念論と唯物論の同位対立の恰好の舞台とならざるをえない。カントは物自体の存在を否定せず、ただそれを語りえぬものの領域へ追いやるにとどまったが、一歩進んで物自体を無として抹消するとき、典型的な観念論が成立すると言っていいだろう。

1-2 カントにおいて、表象体系を構成するのは、各人が超越論的主観としてア・プリオリに分有する普遍的な形式であるとされた。この形式が実は共同主観的な形成体であり、従って、表象体系を個々の文化に固有の構造をなすと考えるのが、構造主義であると言ってよい。

この場合、表象体系はア・プリオリな必然性の上にではなく恣意性の上に築かれることになり、従って、差異の共時的体系としての象徴秩序という形でとらえなおす必要が生ずる。そのような体系の典型は、言うまでもなく、言語に求めることができる。

こうした理論的進展にもかかわらず、基本的な構図はカントのそれとさして変わっていない。構造主義が象徴秩序に注意を集中し、その外部について語るのを拒否するとき、そこに観念論の現代的形態を見てとることができる。

注-1　ここで構造主義というのはとりわけレヴィ＝ストロースの立場を指す。それを「超越論的主体なきカント主義」と呼んだのはリクールであるが、これは極めて正確な表現として受けとるべきものである。なお、レヴィ＝ストロースは独特の「モデル」概念を用いて自らの立場を観念論と区別しようと試みているものの、さほど説得的とは言いがたい。また、レヴィ＝ストロースが構造という語によって指し示すのは、正確には、ここで言う個々の象徴秩序ではなく、それらの背後にあってそれらを対応付けている変換のシステムであるが、この点は本章の文脈にはさしたる関連性をもたない。

注-2　勿論、構造主義は、ひとつの象徴秩序の外部にある他の象徴秩序についても、それらを包括するメタ・レベルの象徴秩序についても、語ることができる。例えば、複数の言語についても言語能力一般についても語ることができる。しかし、これまでに述べたことは、それを考慮した上でもやはり同じように妥当する。構造主義がそこで依然として語りうるものの圏内を動いているのに対し、いま問われているのはその圏域全体の外部――フーコーがブランショを承けて言うあの《外》――の問題なのである。

〔補注〕ここでは一言しか触れる余裕がないが、ドイツ思想史の文脈で言えば、カントに対して、ハーマン、ヘルダー、フンボルトからカッシラーに至る流れが注目されてよい。そこには、カントの言う認識の形式が、その実、言語的なものであり、従って、個々の文化に相対的である、という主張を見てとることができる。その延長上に廣松渉の共同主観的構造の理論を置くことは、さほど不自然ではない。

*

以上のような立場に立つ限りでは、表象体系の構造だけを問題にしてその外部を無視するか、せいぜい形相に規定された質料という形でのみ考慮に入れるか、それ以外に道はない。そこから脱け出そうとすれば――そして少なくとも真の意味における唯物論の可能性を探ろうとするならそうしないわけにはいかないのだ――、まずは二元論を超える必要がある。そして、二元論の克服という課題は、例によって、ひとを弁証法へと赴かせることになろう。現在の問題に即して言えば、それは構造とその外部との弁証法に他ならない。

2　構造とその外部——弁証法的相互作用

2-1　ヘーゲルは、表象体系をスタティックな構造と考える一方その外部の物自体を到達不能なものとするカントの構図を、根本的に否定する。それに代わって両者を巻き込むダイナミックな弁証法的過程が問題となる、と言うよりも、この過程の全体こそがヘーゲルの体系なのである。

ヘーゲルは、その体系を完結させるため、弁証法的過程が終始同質的な場の中で進行し、やがては終局的な統一へと収斂すべきものであるとした。それを保証するのは、はじめに——そしてこのはじめはおわりでもある——エーテルの如く世界を満たしているエレメンタールな基質としての《精神》に他ならない。構造とその外部はそこから派生しそこへと還るべきものとされるのである。

注　カントにとって問題だったのが見てとることによって知ることだったとすれば、ヘーゲルにとって問題なのは手を加え作り直すことによって知ることなのだ、と言ってもいいだろう。そのためには、世界に表象の網の目を投げかけるだけではいけない。そこからこぼれ落ちる質料的・物質的な側面を語りえぬものとしてすませることは許されない。そうした側面が弁証法的過程の中に有機的な契機として組み込まれねばならないのである。けれども、上述の第二の論点に見る通り、その場合にヘーゲルは、言わば、手によくなじむもの、やすやすと加工を受け入れるもの、と言うよりもむしろ、自らの内に完成品の青写真を内蔵していて自ずとそれに近付いていくようなもののみを見て、加工する手に確かな抵抗感を伝えてくるような真の意味でのマテリアルを見ていなかったのだ、と言うことが許されるだろう。

2-2-0

ヘーゲルのうちに潜在的な唯物論を見てとることは不可能ではないかもしれない。しかし、すでに見た通り、それは絶対的観念論という枠の中ではじめて可能になるものにすぎなかった。今やヘーゲルの弁証法を転倒させることが問題となる。

まず第一に、ヘーゲルが絶対的保証として事実上前提していたあの《精神》を排除しなければならない。そのとき、構造の外部に残された部分は、予定調和的な統一には回収しきれない異質性を帯びた混沌、言わば、容易に手になじもうとはしない手強さをもつ不透明な存在として立ち現われてくる。となると、ヘーゲルのように構造とその外部との統一を予め想定することは不可能になり、両者は絶えざる緊張関係のうちにあって変動し続けるものと考えることが不可欠になるのである。

構造はその外部との緊張を孕んだ相互作用によって姿態転換を行なうが、そのとき必ずや新たな残余が生成して外部へと排除される。そうして排除された部分の抵抗が、また新たな変動をひきおこすことになるのである。こうして、構造とその外部、秩序と混沌の弁証法は無限へと開かれ、起源なし終局なしの過程として立ち現われることになろう。

注　ヘーゲル弁証法の転倒、これは言うまでもなくマルクスのスローガンであった。けれども、アルチュセールの指摘する通り、真に必要なのは単なる《転倒》ではなく根底的な《変形》なのである。論理の構造をそのままにして、主導権を観念の側から物質の側に移しただけでは、何の解決にもならない。この点についてマルクスの叙述が必ずしも十分なものとは言えないことは否定できないと思われる。それでは、マルクスの中に潜在的な形で存在する《変形》された弁証法を顕在的に定式化するという、アルチュセールらの作業についてはどうだろうか。我々の見るところでは、それもまた未完成のままにとどまっており、不安定な空白を多く残している。こうした事情を考えて、本稿ではマルクスを直接扱うことは避け、ここで提示する枠組全体を踏まえた上で改めて検討しなおすことにしたい。

2-2-1　ヘーゲル体系の完結性を支えていた絶対的保証を独得な仕方で取り去ってみせたのはバタイユであった。デリダによれば、ヘーゲル主義はバタイユによって「留保《レゼルヴ》なしのヘーゲル主義」へと転位される。しかし、何故に「留保《レゼルヴ》」なのか。

言うまでもなく、弁証法とはひとつの賭けである。けれども、ヘーゲルにおいて、それが賭けを装った投資になっているとしたら？　否定性を引き受けるふりをしつつ、一方で賭金をがっちりと留保《レゼルヴ》しておき、Aufhebung（止揚＝維持しつつ超えること）のマジックによって元利ともどもそっくり手に入れること。つまりは、死を賭すとみせかけつつ、それによって獲得したものを確実に享受すべくひそかに生を保持《レゼルヴ》し続けること。これがヘーゲル主義の詐術である。バタイユは、それに対置するに、何の留保《レゼルヴ》もなく絶対的否定性たる《死》へと身を躍らせることをもってする。それこそが賭けの真理――余りに真であるがゆえに真理という形式を突き抜けてしまうような真理――の根拠なのである。留保《レゼルヴ》なしの消尽と絶対的な喪失の只中で自己が溶融し他者との連続性のうちに燃えさかるとき。《至高性》の顕現が垣間見られるのはこのときをおいて他にない。

ヘーゲルの弁証法はAufhebungによって一切を余す所なく総合し、完成のうちに自足して静止するが、そのような詐術を拒否するバタイユの場合、成就すること（consommer）は即ち消尽すること（consumer）でしかありえず、してみると、《生》と《死》は総合を欠いた無際限の反覆運動を続けることになるだろう。この運動はそれを総合する中心を持たないだけに、一方に激しく振れればその分だけ強く他方に振り戻すのだという点に注意しておく必要がある。

社会の領域において、この運動は、日常の生産過程と祝祭における蕩尽の反覆という形をとって現われる。祝祭の興奮の只中で、日常を律する差異的構造は、外部の混沌の侵入によって解体され、非差異化＝連続化される。それを典型的に示すのが掟の侵犯に他ならない。そして、先の注意に見る通り、掟が厳格なものであればあるほど、侵犯の陶酔もまたいっそう激しいものとなるだろう。こうして、日常においては禁止され構造から排除されていた部分、あの「呪われた部分」が、祝祭において激しく爆発したあと、過程は何の意味もなく再び振り出しに戻る。以上のように、バタイユと共に我々が見出すのは、周期的な痙攣を伴って跛行する、終局＝目的なき弁証法的過程なのである。

注　勿論、バタイユのテクスト自体は、彼の名を冠して語られるこうした単純化された理論には決して還元することのできない、ある種の《過剰》を孕んでいる。単純化の過程で《死》や《至高性》は不可避的に実体化され、言わば、負の符号を付された神学的テロスとなってしまう。ところが、彼のテクスト自体の中には、《死》や《至高性》そのものが哄笑の中で引き裂かれ炸裂する瞬間、そのことによってヘーゲルの呪縛、神学の軛から真に逃れ去る可能性が垣間見られる瞬間が、散在するように思われるのである。この点については、デリダの周到なバタイユ読解が参照されるべきであろう。

これはまた、バタイユのテクストの中にその《可能性の中心》として見てとるべきは、古代に関する経済理論などよりも、徹底して近代性《モデルニテ》の刻印をおされた文学空間の方だ、ということでもある。バタイユの言う《侵犯》は、掟と侵犯、聖と瀆聖の弁証法によって語り尽くされるようなものではない。それは何よりもまず、すぐれて近代的な体験なのであり、脱聖化された世界における瀆聖という逆説を帯びたものなのである。リミットなき存在であった神の死とともに、リミットとそれを越えることとが同時に可能性として立ち現われる。けれども、その両者の間にあるのは安定した弁証法的関係などではなく、電撃的な遭遇のうちに互いを成就＝消尽するような異様な交叉なのである。この点については、それ自体まさしく戦慄的な美しさを帯びたフーコーのバタイユ論が参照されなければならない。

2-2-2　このようにして転位されたヘーゲル主義を、1-2で見た構造主義化されたカント主義に対して適用し、それによって静的な二元論の弁証法的動態化を図るという戦略は、まずもって誰にでも納得の行くものと言えよう。この方向で最も精力的な理論展開を行なっているのはクリステヴァである。クリステヴァは、構造をサンボリックな秩序——恣意的・差異的・共時的な総体としてとらえられる——として措定し、他方、そこから外部へと遡行したときに見出される流動の場を満たすものをセミオティックな否定性と呼ぶ。サンボリックな秩序は禁止によってセミオティックな否定性を排除しつつ構成され、他方、セミオティックな否定性は侵犯によってサンボリックな秩序の只中に噴出しこれを組み替える。このような侵犯は、祝祭ばかりではなく、詩的言語の中に、さらには、マルクスの言う真に自由な労働や革命の中に、見出されるであろう。

　これを少し違った角度から見ることもできる。構造主義に対する理論的反省は、構造——サンボリックな秩序——が平面的な形では完結しえないこと、それを完結させるためにはその中に収まりきらない過剰な部分を一要素の内に取りあつめてこれを外部に排除せねばならないこと、こうして排除された要素が超越的な原点の位置につきそこから吊り支えることによって構造を安定させるのだということを明らかにした。とすると、構造の内にあってメタ・レベルへと上昇していくとき、頂点には直接見ることも触れることもできない絶対的に《他》なるものが現われざるを得ず、しかも、その《他》なるものは、元をただせばスケープゴートとして身に負わされた過剰な力に由来する超越的な権能を帯びていることがわかるだろう。そして、バタイユ流に言うならば、この《他》なるものとは太陽にも似て、背後から（メタ・レベルから）照らしている間は光の源であるにもかかわらず、振り返ってこれを直視する（階型の侵犯）とき、眼を灼きつぶし世界をカオスへとひきずりこむ怪物と化すのである。ここに再び、超越的中心に吊られた構造の支配と、そのような中心をひきずりおろし混沌の中で構造を組み替える侵犯との、周期的な交替のヴィジョンを描き出すことができるだろう。

注　構造主義の中にこのような《他》なるものを持ち込んだのはラカンである。ラカンがバタイユと同じくコジェーヴのヘーゲル講義の出席者だったことは今さら言うまでもないだろう。クリステヴァはラカンの理論から多くを学んでいる。また、最近の流れのうち、クリステヴァと共通点やつながりをもったものとしては、山口昌男とルネ・ジラールの業績に注目せねばならない。こうした傾向を踏まえた理論的吟味としては、今村仁司の一連の労作および本書の第一章・第三章を参照されたい。

〔補注〕《ヘーゲル以降》に関して再びドイツ思想史の文脈に目を向けておくとすれば、アドルノがヘーゲルの弁証法に対して否定的弁証法を提出していることに注目せねばならない。そこでは、構造の外部にとり残された部分が、容易に統一に服そうとはしない手強さ、同質的なものに還元しえない個物としての粒立ちを帯びたものであると見なされ、それと構造との絶えざる緊張が次々に変動をひきおこしていくものとされる。こうして、ヘーゲルが不当に先取りしていた綜合、あの大いなる最後の「諾《ヤー》」は先へ先へと繰りのべられ、それに代わって累積的な否定性の運動が舞台に上せられるのである。アドルノとバタイユやラカンを並べるのはいかにも唐突であり、実際、互いに相容れぬ側面が少なくないが、この両者を今世紀のヘーゲル・ルネサンスの流れの中で対比してみるのも、無益ではないだろう。

*

以上のような把握によって、静的な二元論が流動化され、無視されていた質料的・物質的な側面が能動的な変動因として過程に組み込まれることは、確かである。けれども、それは依然として構造の側から遡行することによって見出される非定形の残余に過ぎない。抽象によって構造が析出されたあとに残るこの残余は、具体であるどころかさらなる抽象でしかありえず、何ともとらえどころのないものと言う他ないのである。従ってまた、そうした部分の突き上げによって構造が変動するのだと言うとき、それが有効な説明たりえているかどうかは、疑問なしとしない。つまるところ、こうした過程は、弁証法的である限りにおいて侵犯の瞬間を裏返しの神学的テロスとして物神化する危険を孕むと同時に、綜合を欠いている限りにおいて二元論の真の克服と呼ばれる資格を欠くと言わねばならないのではなかろうか。今や我々は、二元論を弁証法化するのではなく、構造とその外部、さらには、形相／質料ないし観念／物質の二元論を端的に超える地点へと、移動しなければならない。

注-1　ここでマルクスについて触れておけば、価値形態／価値実体や生産関係／生産力といった概念対の解釈においていま述べたような危険があることに注意せねばならない。各々の後者を非定形のマテリアと見なすのは悪しき機械的抽象であり、唯物論《マテリアリズム》にとって危険ですらある。我々はアルチュセールと共にそうした危険を退ける方向に進まねばならない。

注-2　先に述べたような《可能性の中心》を持つとは言え、バタイユの論述の大半はこの点でも問題なしとしない。それに即して言えば、構造から出発してはじめてその外部を語りうるということのもうひとつの側面として、掟と禁止から出発してはじめて侵犯への欲望が見出されるという転倒を指摘せねばならない。これはいささか奇妙な共犯関係ではあるまいか。ボードリヤールは、西欧の原理たる生産的な生に対して破壊と死を突きつけた点でバタイユを評価しつつも、バタイユが「根本的にキリスト教的なものである、禁止と侵犯の弁証法ないし神秘学という罠」に落ちたことを批判している。ドゥルーズとなるともっと手厳しい。彼はバタイユが依然としてエディプスの罠にとらわれたままだと見る。そこでは、「Xは禁じられている、とすると俺はXを望んでいたというわけだ、そうだ、Xをすることができるなら！」という誤謬推理《パラロジスム》に導かれて、ひとは「禁止と侵犯、白ミサと黒ミサの円環」を永遠にめぐり続ける他はない。エディプス三角形の中で禁止によって抑圧された欲望は主体の内部に「いかがわしいちっぽけな秘密」となってわだかまり、解釈マニアの恰好のネタとなるのであり、やがてそれが侵犯によって白日のもとに噴出するとき、観衆は歓呼して陶酔にひたる、というわけだ。これこそフランス文学のおはこだ、とドゥルーズは言う。そして、バタイユこそ「内に母、下に司祭、上に視線を備えた文学の本質をちっぽけな秘密からデッチ上げた」「極めてフランス的な作家」に他ならないのである。

3　機械・装置・テクスト——二元論からの脱出

3-1　ドゥルーズ＝ガタリにならって、とにかく力の絡み合いがあるのだ、と口にしてみよう。例えば——しかしこれは単なるメタファーではない——、連結と切断をくり返しつつ作動している諸機械を考えてみる。いま、そのスナップショットを撮ったとしよう。そこに写し出された諸機械の姿、凝結したスタティックな設計図を、ひとは構造と呼ぶ。間をおいてもう一度撮ったとしよう。二枚の構造図がやや異なっているとして、その変動因を求めるならば、構造の外部に残された非定形の質料（物質＝エネルギー）を考えることにならざるをえない。こうして、ドゥルーズ＝ガタリの言う意味での諸機械は、構造とその外部へと抽象される。言いかえれば、力の絡み合いの運動は、スタティックな形相と裸の物質＝エネルギーとしての質料へと抽象される。

こうした抽象論二元論に先立つ原‐質料として力の運動を見すえること、この運動がそのつど描き出す二次的パターンとして構造を相対化することが、いま必要である。そう言うと、抽象からさらなる抽象へ遡るかのように響くかもしれない。事態は、しかし逆である。いつでもどこにでもある現実をその具体性において一挙にとらえるならば、それは、力の絡み合い、諸機械の運動でしかありえない。それを抽象することによってはじめて、構造とその外部、形相と質料の二元論が生ずるのであり、その上で、表層と深層の神話だの隠された秘密のまことしやかな解釈だのが語られることになるのである。要は、こうした抽象を廃棄し、一切があからさまである現実の動きをそのまま直視することである。極めて困難でもありこの上なく容易でもあるこの課題を思想史の日程表に上せた巨大な存在を、ドゥルーズ＝ガタリとともにニーチェという名で呼ぶことができるだろう。

3-2　前節で述べたような諸機械の動きは、社会的現実の中に容易に見出せると言ってよい。例えば、ひとつの工場を考えよう。新古典派経済学は、それを、諸生産要素（人間の労働用役を含む）の集合と考える。他方、そのような還元によってぬけおちてしまう側面を強調するために、技術的知識を含むがそれには還元できないようなひとつのシンボリック・システムを人々が共有することによって、組織としての全体的統一が保たれているのだ、と論ずることもできる。（西部邁らの議論を参照されたい。）けれども、現実の工場を見るときそのいずれにも先立って目に入ってくるもうひとつの次元がある。人々がその職場に特有の仕方――シンボリックなモラールや技術的知識よりも身体的スキルの次元に重点的にかかわるような――によって連携し、他の諸要素のシステムと連動して動いているという状況である。（青木昌彦の示唆による。）このとき、工場は、そして、そこに働く人々もまた、諸機械の運動としてとらえられていると言うことができる。

こうした見方は、他のあらゆる社会組織、とりわけ国家についても、そのまま当てはまる。アルチュセールの国家装置論をこうした文脈で読みなおすことは、決して不可能ではない。そして、言うまでもなく、フーコーの詳細を極めた権力装置分析――その具体性を疑う者はひとりもいない――が、すでにこの方向で巨大な一歩を踏み出しているのである。それがニーチェの『道徳の系譜学』の延長上で書かれていることを付け加える必要があるだろうか。

3-3 構造を分析するとき、ひとはそこにスタティックな総体を構成する緊密な差異の網の目を見出す。それに対して、エクリチュールという多層的な織物の中にデリダが見出したのは、絶えずズレていくがゆえに決して固定することのできない差延化のたわむれである。勿論、ズレと言っても、単なる時間的な遅延化ではない。差延化とは共時／通時の双対性に先立つ何ものかなのであり、そこから共時的体系性が切り出されるとき同時に通時的時間性が生み出されるような、原‐運動の場なのである。

すでに見た通り、差異の総体はそれ自身で完結した閉域を形づくり、外部に残された部分と二元論的対立関係に入る。ところが、差延化の繰りひろげられる場を同じような構図でとらえようとしても、截然たる二元分割は不可能になっており、そこにあえて構造とその外部を見出すとしても、両者は分離／相互貫入の決定不能なゆらぎを帯びた hymen 的連関においてとらえられざるを得ないのである。このようにして、二元論的な弁証法のロジックは、hymen のグラフィック——それはもはやロジックではない——へとズラされることになる。以上のような思考の展開に対してプレテクストを与えたのが、マラルメと並んでまたしてもニーチェであることを、付け加えておこう。

エクリチュールをめぐるデリダのこうした歩みが、バルトのそれと遠からぬ所から出発していることは、言うまでもない。バルトもまた、独自の歩みを辿って、自らを絶えず解きほぐしては織り返すクモの巣としてのテクストという概念に到達した。それはやはり、リジッドな二元論的図式には収まらない錯綜した運動体である。この運動体を生きたままつかまえるには、硬直した図式に縛られた学ではなく、ニーチェの言う悦ばしき知をもってせねばならない。それこそ、バルトがテクストの快楽と呼んだものであった。

考えてみれば、初期のクリステヴァはバルト的なテクスト概念を深めるべく努力していた筈である。その後、国家博士論文の中で、テクストを説明するための概念装置としてサンボリック／セミオティックの二元論が提出されたとき、人々はそこに大きな理論的前進を見た。けれども、それが逆に重大な理論的後退、抽象の誘惑への屈服だったとしたら？クリステヴァの膨大な学知的努力には讃嘆を禁じえない。それでも、二元論を前提した上で侵犯によって詩的言語を説明するというとき、それがどこまで有効な説明たりえているか、最後まで疑いなしとしないのである。少なくとも、それが高度に抽象的な説明でしかありえないということは認めざるをえないだろう。そして、ここで翻って、それでは我々が具体的に読みつつあるこの詩は一体何なのか、と問うてみるならば、あれほど抽象的に思えたデリダの《エクリチュール》やバルトの《テクスト》こそがそれなのだ、と答えることができるように思われる。

〔補論〕本文では触れなかったが、構造とその外部、秩序と混沌の弁証法が、近代にはとりわけ妥当しにくいという点を、指摘しておかねばならない。と言うのも、近代は、その弁証法の前提である構造ないし秩序そのものを解体すること――ドゥルーズ＝ガタリはこれを脱コード化と呼ぶ――によって成立した時代だからである。近代において支配的なのは、スタティックな象徴秩序の支配と祝祭における侵犯とのバタイユ的な交替運動ではなく、日常的に進行するダイナミックな脱コード化と成長の運動なのである。

このことは貨幣に注目すればいっそうはっきりするだろう。前近代における金は、象徴秩序の中心、階型構造の頂点にあって、自らのうちに超越的な価値をとりあつめた不動の存在であったと言えよう。人々が金を壺に入れて退蔵したのはこのためである。ところが、近代における貨幣は、自ら商品世界の只中に飛びこんで運動を開始する。そこでは、言ってみれば、階型の絶えざる侵犯——祝祭的ではなく日常的な——が生じているのであり、貨幣はそれを通じて、脱コード化された膨大な前進運動を創出し続けるのである。これは言うまでもなく、岩井克人によってマルクスの中に見出され、柄谷行人によっても展開された、決定的に重要な論点である。そして、すぐにわかる通り、このときバタイユ的な交替運動のモデルは、文字通り前時代のものとなっているのである。

おわりに

本章で提示した構図が極めて不十分なものであることは、改めて言うまでもない。けれども、バタイユをその中に置いてみるとき、いま問われているのはバタイユの理論——少なくとも一般に流布されているような形での——を端的に超えることなのだという点がおぼろげながらはっきりしたとすれば、本章の目的は達成されたことになる。とは言え、その目的だけから見ても、3における《ポスト・バタイユ》のスケッチは余りにもラフであると言わねばなるまい。とりわけ、不用意に並置されているドゥルーズとデリダの間の距離を精密に測定する作業が残されており、同時に、具体的な諸機械ないし装置の分析がなされねばならない。そうした仕事によって3に述べた方向が明確になってきたときにはじめて、バタイユを読み直すこと、殊に、バタイユがヘーゲルとニーチェの間で占める微妙な位置を精密に測定し直すことが可能になるだろう。それこそ、先に触れたようなバタイユの《可能性の中心》を探査することに他ならないのである。

そこまでの道のりは未だ遠い。けれども、目下のところは、前章のパースペクティヴを確認した上で僅かでも前進しえたとすれば、それで良しとしなければならないだろう。

II

構造主義のリミットを超える——ラカンとラカン以後

第三章では、第I部で提示したパースペクティヴをさらに内在的に理解するための第一歩として、構造主義のリミットと目されるラカンの理論をとりあげ、詳しく検討する。最後に、ラカンの理論をのりこえる試みがドゥルーズ＝ガタリによってなされていることに言及する。

第四章では、とりあえず国家というテーマに沿いつつ、ドゥルーズ＝ガタリの理論の大要を検討する。

第五章では、前章で得られた理論的枠組をふまえ、とりあえず空間というテーマに沿いつつ、近代の問題に焦点を絞っていく。そこで近代の条件を示すべく《クラインの壺》のモデルを提示する。

第六章では、近代の呪縛を告発しつつ、《クラインの壺》を《リゾーム》へと多数多様化していくための戦略が素描される。

第三章 ラカン 構造主義のリミットとしての

ラカンの名が、余りにも有名な鏡像段階の理論とともに、哲学的言説の圏域に流通するようになって、すでに久しい。それは、父の名と同様、いささか煙たいものとして敬遠されることはあっても、通用性を疑われることはまずないと言っていいだろう。けれども、ラカンの名が、メルロー＝ポンティやワロン、さらにはピアジェの名とすら、同列に並べられたりするところを見ると、この名の指し示す苛烈な思考の運動が本当に正面から受け止められているのかどうか、疑問とせずにはいられない。たしかに、現象学や心理学も、間主観的な世界の存立を説明するのに、パースペクティヴの相互交換を持ち出しており、交換の媒介として像の効果を取り上げている。それがラカンのいう鏡像段階と無関係でないことは、言うまでもない。「《そら》とひとは心の中で言います。《それはラカンのあの有名な鏡像段階の話を思い出させる。それにしても、彼は正確にはいったい何と言ってたっけ？》」（E一八六）問題は、この問いがしばしばうやむやのまま立ち消えになってしまうことである。それを避けるためにも、現象学や心理学の理論とラカンの理論とを比較し、後者が前者の調和的なヴィジョンの枠内に収まりきれるものかどうか検討することから出発する必要がある。

注　引用のうち、Eは *Ecrits* を、Sは *Le Séminaire* を示し、Sのあとのローマ数字は巻数を示す。これらはいずれも **Seuil** 社から刊行されている。

1　個と対

主体の構成作用を基礎とする近代思想にとって、他者の問題、さらに一般的に言って、間主観性の問題が、最大のアポリアとして立ち現われてくることは、不可避であると言ってよい。このアポリアを典型的に示しているのは、言うまでもなく、『存在と無』におけるサルトルである。彼はそこで、主体が他者と出会う場面を、見ることによって相手を石にするか、見られることによって自分が石にされるかという、いわばメドゥサ同士の対決の場面として描き出す。主体と他者は際限のない《俺かお前か》の闘争の中に閉じ込められており、いつまでたっても解決が与えられることはない。

この袋小路から脱出するひとつの道は、主体と他者が互いに「相手の身になってみる」という操作を考えることである。主体は世界を《いま・ここ》の自己を中心とするパースペクティヴへと編成しているものとされるが、他者と共に生きる中で、他者もまたもうひとつのパースペクティヴの中心であることを感知するとき、パースペクティヴの相互交換が可能になる。それによって成立する相互主観的な世界が平面的に拡がっていって、共同主観的な世界を形作る。このことは、共同主観的な世界が言語的に構造化されていることを考えれば、自然に了解されるだろう。実際、ひとは、自己中心的特称語（ラッセル）ないしシフター（ヤコブソン）を用いるとき、例えば「ここにいる私」が他者にとっては「あそこにいる彼」でありうる可能性を、暗黙のうちに認めていることになる。そこでは、主体はもはや《いま・ここ》に癒着した唯我論的な存在ではなく、他者たちと共に公共的な意味の世界に生きる社会的な存在になっているのである。

幼児の発達過程を通じて、このようなプロセスがそのまま通時的に進行すると考えたのが、ピアジェである。彼によると、幼児は最初、《いま・ここ》の我身に癒着した自己中心的な存在に過ぎないが、成長するにつれ、脱中心化によって自己の視点を相対化することができるようになり、社会生活に不可欠な相互性を学んでいくものとされる。それにしても、ここで出発点とされた幼児の自己中心性という概念は、ラカンのように「ピアジェ的誤謬」（SⅪ一八九）として切って捨てるのは極端だとしても、疑いもなくミスリーディングである。ワロンは、むしろ、出発点として明示的に自他未分の混沌を置き、その中から自己が形成されてくるプロセスを追跡した。この方向を受け継ぎ、哲学的に深化させたのが、他ならぬメルロー゠ポンティである。

メルロー゠ポンティは、始源において自他未分の共生状態を見出し、これを根源的脱自態（extase originelle）と呼ぶ。それは、いわば前人称的な生の大海であり、成長に伴って潮が引いていくときその中から現われる島々が、個々の主体なのである。このプロセスにおいて重要な役割を果たすのが、他者との鏡像的な関係である。「人間は、鏡をもって生まれてくるものでも、フィヒテ流の哲学者として、我は我であるといって生まれてくるものでもないのであるから、まず他の人間の中に、自分を照し出すのである」と述べたのは『資本論』におけるマルクスであったが、実際、自他未分の混沌に埋没していた幼児は、鏡像ないし鏡像としての他者と関係することによってはじめて、自己の身体的なまとまりを獲得することができるのである。ただ、最初の段階では、幼児とそのつどの相手とが、いわば磁石の両極のようにして、対として現われてくることに注意しなければならない。もっと後の段階になってはじめて、自己と他者とが一応切り離された形で人称的に存立するに至る。

こうして、個々の主体が独立の存在として現われてくるのであるが、あの生の大海は、それによって干上がってしまうわけではなく、依然として個々の主体の深層に横たわっている。それこそが、主体同士が出会ったときにパースペクティヴを交換することを可能にする根源的条件なのである。実際、メルロー＝ポンティにおいて、この交換は、「ひとの身になってみる」という日本語の表現を思わせるような身体的レベルでの操作として、とらえられる。そもそも、身体はすぐれて能動－受動の両義性の場とされるのであったが、合掌する右手と左手に見られるようなこの両義性は、握手する自分の手と相手の手の両義性へと自然に拡張され、間主観性の基盤としての間身体性の領野を織り上げていく。これこそ、あの根源的脱自態の境位以外の何ものでもない。

以上の要約は、メルロー＝ポンティに忠実なものとは言えず、いささか正当さを欠くきらいもある。メルロー＝ポンティのために付け加えておけば、彼は調和的な側面ばかりを強調しているわけではない。一九五〇～五一年の講義「幼児の対人関係」（『眼と精神』所収）においては、最初の段階における幼児と他者との関係が、成熟した両義性（ambiguïté）ではなくメラニー・クラインのいうような両価性（ambivalence）を特徴とすること、そこにはラカンのいうような相互疎外の矛盾があること、それを社会性と呼ぶにしてもワロンのいうような癒合的社会性でしかないことが、明確に認められている。しかし、それらの問題が克服されるメカニズムは全く明らかにされていない。そして、一九五九年の「哲学者とその影」（『シーニュ』所収）では、そのような前人称的な生の領野が、あらゆる間主観性の基盤として顕揚されるに終わっている。そこで支配的なのが調和と融合のモチーフであることは、疑いを容れぬ事実である。

サルトルの展開したのが個の哲学だとすれば、メルロー゠ポンティの展開したのは対の哲学、調和のうちにおける相互性とその平面的展開の哲学だと言っていいだろう。ここで我々はラカンの理論から最も遠い地点にいることに気付かざるをえない。この両者の差違を探るためにも、さらに一歩を進めて、メルロー゠ポンティの調和的なヴィジョンのよってきたる所を明らかにしておくべきであろう。

2　相互性と双数性

メルロー゠ポンティが、他者との関係だけではなく、自然との関係においても、相互性・両義性を強調していたこと、最後にはそれを「絡み合い」「キヤスム」といった言葉で語るところまでいったことは、よく知られている。このようなヴィジョンの源泉は、ゲシュタルト理論の研究に求められるだろう。彼がそこで取り上げたのは、狭義のゲシュタルト心理学だけではなく、ゲシュタルトを鍵として生の世界をとらえようとする、ユクスキュル以来の多くの人々の試みだった。そこで提示された生命像によると、有機体は、世界をゲシュタルト的に構造化して、種に固有の環境世界（Umwelt）を作り上げており、それと自己の内的世界（Innenwelt）との間に、円環的な適合関係――機能的円環（ユクスキュル）ないしゲシュタルトクライス（ヴァイツゼッカー）――を維持している。生の水先案内人である本能は、それらのゲシュタルトの機能的な意味を正しく読みとって、有機体を安全な水路へと導いて行くのである。このような生の世界のヴィジョンこそ、メルロー＝ポンティの発想の源泉であると言ってよい。

　ラカンについてはどうだろうか。ラカンもまたゲシュタルト理論に十分親しんでおり、動物までの水準においてはそれを肯定する。決定的な違いは、メルロー＝ポンティがこのヴィジョンをそのまま延長した上で人間を論ずるのに対して、ラカンは人間に関してこのヴィジョンが完全に破綻するというところから出発する点にある。生ある自然からの致命的なズレ。これこそ人間の根源的条件である。ラカンは、その根拠として、ボルクの胎児化説（E一八六）などを援用しつつ、出生の時期尚早性を強調する。人間は、幼態成熟《ネオテニー》の結果、未完成のままで生まれ落ちる――このことと脳の超複雑化との関連をラカンは見落としていない――ことになり、この上なく無力な存在として、環境との「原初的不調和」

（E九六）に耐えねばならない。子宮内の生についてはいざ知らず、誕生という「自然の調和からの裂開」（E三四五）のあとは、死の影に怯えつつ、いやむしろ死を体験しつつ（E一八六）、「内的世界から環境世界への円環の破壊」（E九七）のもたらす幾多の危機を乗りこえていかねばならないのである。その困難な道程こそ、精神分析の追跡すべき当のものである。

ここで、生ある自然からのズレによって開かれる世界を、サンスの過剰によって特徴付けることにしたい。生の世界において、ゲシュタルトは機能的な意味《サンス》——有機体にとって有益か有害か——を担って揺るぎなく存立し、本能はそれをシグナルとして有機体を生の方向《サンス》へと迷わず導いていく。ところが、人間の世界においては、ゲシュタルトは過剰な象徴的意味《サンス》を負荷されて痙攣的に明滅・顫動し、本能の針も狂ったように回転しては、あらぬ方向《サンス》を指して、ひとを無意味な虐殺へ倒錯の性へと誘う。フロイト＝ラカンの用語法を過度に単純化することを承知の上で、錯乱的にゆらめくゲシュタルトをイマージュまたはイマーゴ、狂った本能（instinct）を欲動（pulsion）と呼ぼう（1）。その上で、我々はラカンと共に、自己中心的な幼児でも生の大海に埋没した幼児でもなく、イマージュの世界、即ち想像界《イマジネール》（2）の中で「本源的な欲動のアナーキー」（SI一九〇）につき動かされている幼児を、出発点とすることができる。

　さて、同類との相互関係が生物の世界と人間の世界で全く別な様相を呈することは、想像に難くない。生物の場合、環境世界の一要素としての同類の個体との関係は、ゲシュタルトに媒介された対称的・即時的な相互性として現われる。例えば、さまざまな動物の給餌行動や交尾行動を考えてみればよい。一方は他方の形態や行動パターンに触発されて一定の行動をとるが、それは、即、相手の同調的な行動を触発するシグナルになっている。そこに見出されるのは、一瞬の遅延もなく、打てば響くように呼応しあう相互性である。ラカンは、トゲウオが交尾の際に行なう「相互的ダンス」（SI一五八）（3）を例にあげたことがあるが、その雌雄の見事な同調ぶりは、やがてラカンに「ダンス的稠密性(dansité)」（E八〇七）なる奇妙な造語を思いつかせるほどのものなのである。

　人間の世界に移るや、様相は一変する。例えば、幼児と鏡像――あるいは鏡像としての他者、とりわけ母――との関係を考えるとき、そこにある圧倒的な非対称性・跛行性に驚かずにはいられない。鏡の手前には、あらゆる意味において遅延した存在であるがゆえに不能性の十字架を荷なわされた幼児、全体としてのまとまりすらとれず欲動につき動かされるがままの哀れな肉塊。鏡の中には、全体性をやすやすと先取りしている全身像、静かに凝結した「理想的統一性にして救いのイマーゴ。」（E一一三）このイマーゴは、「発達の遅れ」とのかかわりで「視知覚の早すぎる成熟が機能的な先取りの価値をもつ」（E一八六）がゆえに、過剰な価値を負荷されていることに注意しておく。ここではドラマは「不十分さから先取りへと急転する」（E九八）ことを余儀なくされる。このドラマこそが鏡像段階の内実に他ならない。

そのドラマのギクシャクした進行を検討する前に、成人の男女の関係は十分に対称的・即時的なものではないかという疑問に答えておこう。もしそこに成熟した相互性が見出されるとすれば、それは、後に見るように、両者がすでに象徴界に参入しており、言語という媒介を通して交流しているおかげである。また、そもそも愛し合う男女といえば、あらぬ幻《イマージュ》を求め合っては空しくすれ違いを繰り返すものの典型ではなかったか。愛が二人を象徴界から想像界に近付けるとすれば、二人はその分だけ狂気に近付くことになる。ラカンのセミナーでの会話（SⅠ一七二）を引こう。

M・イポリット　動物は愛を交すとき死に身を委ねているのですが、そのことを全く知りません。

ラカン　一方、人間はそれを知っている、知っていて体験するのです。

M・イポリット　そう、人間自らが死を選ぶのだと言ってもいいくらいです。人間は他者を通して自らの死を望むのです。

ラカン　セックスが自殺の一形態だという点で、私たちは意見の一致を見た訳です。

とは言え、幸いなことに、言語という第三者が多少とも介在することは不可避であり、二人だけの純粋にイマジネールな愛は、文字通り幻想に過ぎない。ところが、幼児の場合、想像界の矛盾は正面から立ち現われてくるのである。

先に述べた通り、幼児は鏡の中に理想的な全体性を見出し、小躍りして喜ぶ。それこそ、自己のまとまりすらとれない混沌、いわゆる「寸断された身体（corps morcelé）」（E九七）の状態から、幼児を引き出してくれるものだからである。けれども、それによって幼児が

(M.Leiris, *Mots sans mémoire,* Gallimard)

バタイユの僚友であったレリスのこの《視覚詩》ほど、鏡像段階理論のエンブレムにふさわしいものはない。そこでは鏡（miroir）を軸として、愛（amour）と死ぬこと（mourir）とがきわどいバランスを保っている。

自己を確立し、めでたく話が終わる、というわけにはいかない。というのも、この鏡というのがなかなかの曲者であって、幼児の全体性を騙取（capter）し、自らのもとに凝結させてしまうのである。言いかえれば、幼児は自己の全体性を、自己の外で、つまりは疎外された（aliéné）状態で、体験せざるをえない。「寸断された身体」のアナーキーに代わって、今度は、自己と鏡像との間にぽっかりと口を開いた裂け目（béance）が、幼児を脅かすのである。水鏡に映った像の中に自らの全体性を見出したナルシスがそれに魅了されたとしても不思議はない。けれども、ナルシスが自己とその像との間の乖離に焦立ったとき、彼には水面に身を躍らせる他に道がない。統一が成ったと思われた瞬間、水鏡は砕け、死の混沌がナルシスを呑み込むだろう。こうして、すぐれてナルシシズムの領域である想像界は、攻撃性（4）の跳梁する裂け目によって特徴付けられることになる。

鏡に代えて鏡像としての他者を考えても事態は変わらない、いや、いっそう深刻になると言うべきだろう。主体が他者を通じて自己確認を目指すとき、他者もその主体を通じて自己確認を目指している。どちらも相手を自己確認の手段にしようとして、言いかえれば、自らを《主《ヘル》》、相手を《奴《クネヒト》》と化そうとして、あくなき闘争を繰り広げ、そして、勝ったと思った瞬間、自らの全体性が相手に騙取されていることを見出すのである。こうした状況をドルトが「相互ナルシス的（co-narcissique）」（5）と呼んだのは至当である。ドルトの発想のもとになっているのは、子供の精神病が、子供の《個》の病であるより、母子の《対》の病であることが多いという知見であろう。ここで想起されるのが、ラカンの「人間モドキ＝オムレツ（Hommelette）」（E八四五）（6）の神話である。それによると、人間とは、殻のない半熟卵を二つに割った片割れのようなものである。これは、早すぎる出産によって未完成なまま世界の只中に放り出された幼児、十全な存在（être）ではなくむしろ存在欠如（manque-à-être）と言うべき幼児の状況を、見事に表わしたフィギュールである。さて、欠如に耐えかねた各々の片割れは、喪われた半身と再び合一することにより、直接的な仕方で全体性を回復しようとするが、両者が激しく抱き合おうとしたときに生ずるのは、白身や黄身がグシャグシャにつぶれてしまうという惨劇でしかない。不可能な全体性を求めるナルシス同士としての母子が、狂おしく互いを求め合うとき、それが互いを傷つけ合うことと同義であったとしても、何の不思議もないのである。

ラカンは想像界における相互関係を双数的（duel）と呼ぶが、それはこのような極端な両価性・両極性・非対称性を総括する言葉である。双数的関係とは文字通り一種の決闘（duel）――「イマジネールな死闘」（E四三二）――に他ならない。ゲシュタルト的な相互性が円環によって表現されるとすれば、イマジネールな双数性は「シーソー」（SⅠ一九三）ないし「天秤」（E八一〇）によって表現される。それは、いっとき平和な水平関係にあると見えても、いつ痙攣的にひっくり返るかわからない。そこで形成される自我（moi ないし ego）は絶えず他我（alter ego）との闘争のうちにあって、安定した自己同一性を持ちえないのである。このように、イマジネールな相互関係は、安定した終着点であるどころか、弁証法的な過程の発端となるべき矛盾を内包している。「心理学者たちによって単純に自我の統合機能として対象化されているこの幻影のイマジネールな構造は、むしろ、《主》と《奴》の間の疎外的な弁証法を自我に導き入れる条件を示すものである。」（E三四五）

（1）ラカンはゲシュタルトとイマーゴないしイマージュを言葉の上では使い分けていない。一方、Trieb は pulsion（欲動）と訳すべきであって instinct（本能）と訳してはならないという点は、はっきりと主張している。

（2）想像界という訳語は、主体の想像力といった人間主義的な概念に結びついて誤解を招くおそれがあり、決して望ましいものとは言えない。本来ならば、鏡像界とでも訳すべきところであろう。

（3）ラカンが少し前の箇所で「ローレンツからティンバーゲンにいたる人々の業績」（SI一四〇）に注意を促していることからみても、この例はティンバーゲンの有名な業績によるものであろう。『動物のことば』（邦訳みすず書房刊）における興味深い記述を参照されたい。なお、本文の記述はやや単純化されている。ラカンは、例えばトゲウオについて述べたあとの部分で、とくに性行動については「動物においてすら」イマジネールなズレがしのび込む可能性があることを指摘している。

（4）「攻撃性の概念は……主体の自らに対する分裂に対応している。」（E三四四）

（5）『少年ドミニクの場合』（邦訳平凡社刊）八二頁。なお、こうした発想は、同じくラカン派に属するM・マノーニにも共通している。特に、ドルトの序文を付した『子どもの精神分析』（邦訳人文書院刊）を見よ。

（6）これはプラトンの『饗宴』でアリストファネスの語る神話に基づいている。なお、この呼び名はラブレーからの着想ではあるまいか。『第四之書・パンタグリュエル物語』（岩波文庫版）八七頁を見られたい。ローマ講演（E二七八―九）で言及されている箇所のひとつも、この章であろう。

3　想像界と象徴界

双数的関係がこの弁証法の第一段階だとすると、第二段階はその平面的な拡大である。そこでは双数性の内包していた矛盾が極点にまでもたらされる。そもそも、そのつどの相手の中に自己の像を認めようとする主体、自己を映し出す鏡と同じ数の頭をもった主体とは、一体何者か。「多頭の姿と化したこの主体は、無頭《アセファル》の怪物と性質を同じくするように見える」（SⅡ二〇〇）というラカンの言葉に、「二頭性ないし多頭性は、同時に、無頭的《アセファル》な存在性格を実現するに至る」（7）というバタイユの言葉のエコーを聞き取らないわけにはいかないだろう。これらの怪物同士が激突し、犯し合い殺し合うカオスとしての想像界。そこに秩序をもたらすために必要なのは何か。

全員一致でただひとりを犯し殺すこと。これこそ唯一の可能な解決である。想像界に氾濫していた過剰なエロスとタナトスの一切を身に蒙って殺された死者は、殺されることで超越性の中に投げ出され、相互関係の平面を見おろす高みに立つ。そして、身に蒙った過剰なる力を己れの権能へと転化し、その全重量をかけて禁止の言葉を発する。これこそ絶対的な《他者》――ラカンのいう大文字のAutre――の生成過程《ゲネシス》であり、《他者》の言葉によって構成される法の場としての象徴界《サンボリック》の生成過程《ゲネシス》である。以後、イマジネールな平面における絡まり合った相互関係の網の目はいったん完全に切断され、各々の主体は《他者》に、そして《他者》だけに、自己を委ね同一化することを命じられる。それによって全員が共通の鏡の中で自己を確認することになり、そのつど他我との関係で揺れ動いていた自我は社会的な主体として再構成されて、安定した社会関係をとり結ぶことが可能になるのである。中心的媒介たる《他者》をおいて、統一と安定をもたらしうる者はない。しかも、それを殺したのは個々の主体全員なのである。この負い目、この負債が、彼らの《他者》への従属を確実にする。「負債こそ天と地を結び繋ぐものであり、人類の血統を保持する唯一の道だ」(8)とパニュルジュに語らせたのはラブレーであったが、ラカンがローマ講演(E二七八)でこのメタファーに言及して言おうとしたのは、おそらくこのことであろう。ラカンの理論の影響下に形成されたと思われるアルチュセールのイデオロギー論の用語を借りて言えば、自律的な主体、相互関係をとり結ぶ主体と見えるものは、何よりもまず、《主体》（Sujet）としての《他者》に従属する臣下（sujet）だったのである。

こうして、絶対的な第三者たる《他者》が媒介として立ち現われることによってはじめて、錯乱せる自然の無秩序としての想像界が文化の秩序としての象徴界へと編成されていくのであるが、このプロセスは、エディプスの危機と去勢によるその解決を、一般化して述べたものと言えよう。実際、イマジネールな平面における双数的関係が、母子の密室において特徴的に見出されるのであってみれば、その禁止とは端的に言って近親相姦の禁止である。そして、密室に介入し、禁止の言葉によってそれを外の社会に開く存在は、父をおいて他にない。父に対するエディプス的な同一化によって、子供は密室から外の社会へ出て行くのである。先の卵の比喩に戻って言えば、父は卵の片割れとしての幼児に人工的な殻――Sujet の似姿としての sujet の規格――を投げ渡してやることになる。それが中身と完全にフィットすることは決してありえないが、中身同士が激突して飛び散る双数性の矛盾を克服するのに、他に道はない。言いかえれば、幼児は、母の欠如を直接うめるもの、すなわちファルスであることという幻想を捨て、父と同じようにファルスをもつ者として一人立ちしていかねばならない。この、母との分離、ファルスであることの全能性の剝奪こそ、精神分析でいう去勢――「人間を人間にするものとしての去勢」にして「構造化するものとしての去勢」（9）に他ならない。

注意すべきは、ここで言う父があくまでも「象徴的な《父》」（E五五六）だということである。父の否《ノン》は、実在の父でも、主体と双数的な関係に入りうる父の像《イマージュ》でもなく、「《父の名《ノン》》」（同）によって発せられるのである。実際、《他者》といい父といっても、それは何か実体的な中心なのではなく、法の場であり言語の秩序である象徴界を集約的に表現するフィギュールに過ぎない。そして、フロイトの言う通りそれが「死せる《父》」（同）だということは、象徴界がつねに-すでに主体に先行しており、生きた主体の織りなす相互関係の平面をいわば過去から包摂していることを意味する。いずれにしても、問題となっているのは、媒介の要素《エレメント》＝境位なのであり、直接的な相互関係が禁止されて《他者》を経由するよう要求されるということは、密室を出て法またはコードに従った女や言葉の交換に加わるよう命じられるということと同義である。こうして見るとラカンの象徴界の理論はドゥルーズ＝ガタリのいう家族主義を超える射程を持つように思われるが、この点については後に触れることとし、以上で弁証法の第三段階の記述を終える。なお、このプロセスは、ラカン自身が明示的に示したものではないが、ラカンの理論がそれと両立するものとして必然的に要請するプロセスであると考えられる。また、それがマルクスの価値形態論と同型であることはグーらの指摘をまつまでもなく明白であるが、我々はむしろ、その両者の異質性に注目すべきであると考えており、ここでその同型性を検証することは差し控えておく(10)。

さて、我々は象徴界についてより詳しく検討する前に、ここで立ちどまって、ラカンの理論と両立するのが、《個》の哲学でも《対》の哲学でもなく、いわば絶対的な第三者としての《他者》の哲学であることを確認しておこう。先に引いた通り、ラカンは、「心理学者たちによって単純に自我の統合機能として対象化されているこの幻影のイマジネールな構造は、むしろ、《主》と《奴》の間の疎外的な弁証法を自我に導き入れる条件を示すものである」(E三四五)と述べている。単純な予定調和への信仰は、想像界にぽっかりと口を開いたあの裂け目を直視しようとしないことから生ずる。実際、この裂け目さえなければ、「現実界《レール》の中での諸存在間の関係は……相互に可逆的な形で生じうるだろう。心理学、そしてすべての社会学の努力は、まさしくここに向けられている。」(SⅨ一八八)けれども、それらは人間の真実をとらえることができない。「それらが成功しうるのは、問題が動物の世界に限られている場合なのである。」(同)従って、心理学者や社会学者は、あの裂け目に目をつぶり、生の世界における相互性のヴィジョンを不当に拡張しようとしていると言わねばならない。このことは、先に触れた通り、メルロー＝ポンティらの哲学にもそっくりあてはまる。アルチュセールがラカン論で述べている通り、「ともすれば精神分析のすべてを治療の双数的経験に還元し、そこに、現象学的な間主観性や存在‐投企のテーマ、あるいはより一般的に言って人格主義《ペルソナリスム》のテーマを《検証》してくれる筈のものを見出す」という哲学の誘惑は、「最も懸念すべき誘惑」のひとつなのである(11)。精神分析がこのような誘惑に屈しないよう、ラカンは繰り返し警告を発している。就中、ダニエル・ラガーシュ批判の中の次の箇所は、ラカンの立場を極めて明快に伝えていると言えよう。「彼にとって、間主観性は、同類の他者との関係、原理的に対称的な関係において定義される。これは、ダニエル・ラガーシュが、主体は他者によって自己を客体として扱うことを学ぶ、という定式化を行なっていることからわかる通りである。他方、私たちのみるところでは、主体は、シニフィアンの所与、その超越的な場である《他者》において主体を覆っているシニフィアンの所与から、現われてくるべきものなのである。」(E六五五―六)

ここで、さらに一歩、批判を進めておこう。そもそも、《対》の哲学は本当に《対》を扱っているのだろうか。《対》と見えるものも、つまるところ、同じ生の大海の二つの波頭なのではなかったか。そして、両者を結びつける相互性の円環が、その実、自らの尾を呑み込むウロボロスに過ぎないのだとしたら? ラカンによれば、イマジネールな《見る‐見られる》の関係は不可避的に無視＝誤認(méconnaissance)に帰着せざるをえない。

ところが、例えばメルロー＝ポンティの場合、《見る－見られる》の関係は《さわる－さわられる》を介して内奥の真実の認識（connaissance）にまで達するものとされる。それを保障しているのは、「クローデルのいう意味での実在との co-naissance（共に生まれること）」（SⅡ一三八）への信仰、「同じ自然に属していること（connaturalité）」（E六六六）への信仰以外の何だろう。言いかえれば、そこには人間的自然（nature humaine）への根強い信仰が生きている。しかし、人間的自然が錯乱せる自然だったという認識から出発する精神分析にとって、そうした信仰は幻想でしかない。「メルロー＝ポンティの立場は本質的に人間主義の立場である。」（SⅡ一〇〇）そして、言うまでもなく、「フロイトは人間主義者ではない。」（SⅡ九二）それにもかかわらず、精神分析の中に露骨にウロボロス的幻想を持ち込もうとしているのが、ユングである。彼のいう象徴は、ラカンの象徴界と何の関係もない。それは、想像界の要素、いやむしろ、宗教的に美化された生のゲシュタルトの織りなすマンダラに過ぎないのである。そもそも、ソレルスの言うように、ユングとは「精神分析に対する精神主義的抵抗あるいは疑似《パラ》＝隠秘主義的抵抗のかたまり」(12)以外の何者だろうか。ユングが「フロイトをスイス風に中立化させた」(12)のだとすれば、フロイトの剔抉した分裂を徹底的に追求した功績は、明らかにラカンのものである。

ラカンの名《ノン》は、ピアジェやワロン、メルロー＝ポンティの名、いわんやユングの名と並列されるべきものではない。我々は、むしろ、それらにラカンの否《ノン》を突きつけた上で、ラカンと狭義の構造主義との間に境界線を引くという課題へと移ることにしたい。

（7） Georges Bataille, *Œuvres complètes I*, Gallimard, p.469. 実際、若い頃のラカンはシュールレアリストやその周辺の人々と親しい関係にあり、特にダリからは少なからぬ影響を受けたと思われる。（*Salvador Dali*, Centre Georges Pompidou, 1980 の二六二～六頁を見よ。）ラカンは一九三三年に出たシュールレアリスム系の雑誌『ミノトール』第一号に「スティルの問題およびパラノイア性体験形式についての精神医学的考想」（邦訳『エピステーメー』一九七七年八月号五四～八頁）を書いているが、この号にはダリも「パラノイア的現象の機制に関するシュルレアリスムの見地から見た新しい一般的考察」（邦訳『ナルシスの変貌』国文社一一三～二四頁）と題する論文を寄せ、その中でパラノイアに関するラカンの学位論文を称讃している。ラカンはまた同じ年に出た同誌三―四号にもダリらと並んで「パラノイア的犯罪の諸動機について」（邦訳『ユリイカ』一九七六年二月号一七〇～九頁）というエッセーを書き、ジュネの戯曲『女中たち』の発想源となったことでも有名な「パパン姉妹事件」を考察している。ところで、『ミノトール』というタイトルはバタイユとマッソンの発案になるものと言われるが、ブルトン一派と対立していたバタイユは、『クリティック・ソシアル』誌に寄せた『ミノトール』第一号の書評（op. cit., p. 337-8）の中で、ブルトンのピカソ論の新味のなさをけなし、ダリの論文を黙殺したあと、「新しい要素を持ち込んでいる唯一のアーティクル」としてラカンの文章をあげている。（バタイユがラカンの分析を受けたという噂については真偽を確定しえないが、はっきりした事実がひとつ、それは、ラカンがバタイユの最初の夫人だったシルヴィアと結婚したことである。）ラカンはこのあと決定的に精神分析の立場に移行し、一九三六年にマリエンバードで鏡像段階の理論を発表するのだが、同じ頃ダリがあのすばらしい「ナルシスの変貌」を描いているのは、興味深い暗合である。なお、*La vie publique de Salvador*

Dali, Centre Georges Pompidou, 1980 の三〇頁を開くと、一九七五年頃ニューヨークで再会したラカンとダリの写真を見ることができる。

(8)『第三之書・パンタグリュエル物語』岩波文庫版四七頁。

(9) ドルト・前掲書一五頁及び二〇一頁。

(10) グー「貨幣の考古学」(邦訳『現代思想』一九八一年五―九月号)。その理論的なエッセンスは前章において述べておいた。なお、これらの論理はいずれも最終的にはヘーゲルの相互承認論を源泉とするものであり、従って、その間の同型性は偶然の産物ではない。この点では、ラカンが三〇年代にバタイユらと並んでコジェーヴのヘーゲル講義を聴いていたという事実に注目しておくべきだろう。

(11) 邦訳『国家とイデオロギー』福村出版刊一二八頁。

(12)「ジョイス商会」(邦訳『ユリイカ』一九七七年一〇月号一五〇頁及び一五一頁。) なお、フロイトの側に立ってユングを叩くという作戦が、ジョイスやバタイユの側に立ってブルトンを叩くという、当時テル・ケルの展開しつつあった作戦と並行していることは、言うまでもない。さらに、この作戦が完全に正しいと付け加えるなら、全くの蛇足ということになろう。

4　構造とその外部

ラカンのいう象徴界は言語的秩序としての構造をもっている。「構造は形態ではない。」(E六四九)「私たちのいう構造は、ゲシュタルトについての極めて確かな基礎をもった諸事実が支持しているような《有機体の構造》の観念とは何の関係もない。といって、本来の意味における構造が、有機的なゲシュタルトの裂け目を利用し、それを自分に従属させないというのではない。」（E六五〇）ラカンのいう構造は、ゲシュタルト的な生の世界の破綻によって要請された「生をこえた余白」（E八〇三）なのであり、生の連続ではなく死の不連続によって分節化されたものなのである。それは、ソシュールが言語について見出し、レヴィ＝ストロースが社会について一般化した構造と、同質であると言えよう。この点でラカンの立場には誤解の余地がなく、構造主義をゲシュタルト理論と結びつけるようなミスリーディングな発言を平気でしてしまうレヴィ＝ストロースなどより、はるかに徹底している。

　ここで、しかし、ラカンを構造主義者と呼ぶことはできない。というのも、狭義の構造主義が、構造をつねに－すでに完結したものとみなし、その閉域の共時的分析に専念するところで、ラカンは、構造の生成《ゲネシス》過程を追跡し、構造と未だ構造に包摂されざるものとのダイナミックな相互作用を分析しようとするのである。

　第一の点についてはすでに述べたところから明らかであろう。ラカンには、構造は平面的な形で閉じることができず、不在の、つまりは超越的な位置にある中心によって、彼方から吊り支えられていなければならないということ、しかも、この中心の析出は、あの三段階の弁証法的過程によって必然化される殺害と禁止のドラマを背景としているということの認識がある。これは狭義の構造主義の枠を超える認識である。たしかに、レヴィ＝ストロースも『親族の基本構造』の冒頭で近親相姦の禁止を自然と文化の境目の臨界点として位置付けてはいる。しかし、彼はただちにそれを外婚制の規則と等置することによって文化の側に回収し、以後、文化の領域内での女の交換の分析に専念する。つねに－すでに完結したコードのもとで万古の昔から円滑な循環を続ける、中心なき一般交換の円環。これこそ、レヴィ＝ストロースの分析の特権的な対象である。それに対して、ラカン的問題構制は、殺害と禁止のドラマを錯乱せる自然から文化への暴力的な跳躍として見定め、それによって析出される中心に全員が一方的に自らを委ねることではじめて相互性＝互酬性に基づく一般交換の円環の循環が保障されることを示す。個々の主体が《他者》に対して負う象徴的負債。「聖なるハウ、あるいは遍在するマナと同一視される、この侵すべからざる《負債》こそ、女や財を積み込んだ航海が、何ひとつ欠けることなく、同等の実質をそなえた他の女や財をのせて、出発点まで円環を描いて還ってくる保障なのである。」（E二七九）

ところで、ラカンはこれに続けて「レヴィ＝ストロースは《言葉》の力を代数記号の形に還元しつつ象徴ゼロという言い方をしている」（同）と述べている。言うまでもなく、ここで言及されているのは、有名な《浮遊するシニフィアン》の理論に他ならない。実のところ、この理論こそ、構造が平面的な形では閉じえないということをレヴィ＝ストロース自身が端なくも露呈してしまっている箇所のひとつなのではなかろうか。以下、簡単にそれを追ってみよう。

周知の通り、レヴィ＝ストロースは一般交換の概念をモースに負っている。モースは、無償の贈与と見えるものを、いずれは自分の所まで戻ってくるサイクルの一環、即ち、一般交換の円環の一部分とみなすことによって、それを拡大された相互性＝互酬性の原理で説明してみせたのだった。とはいえ、この円環は自然に回り続けているわけではない。モースは循環の原動力を贈り物に宿った力に求めた。ラカンの言及していたハウがそれであるが、これは、受け手に負い目を負わせ、返礼をせずにはいられなくさせるような、特殊な力と解される。このような得体の知れないものを合理主義者レヴィ＝ストロースが認める筈はない。しかし、それを合理的に説明すべく彼自身が提出する理論もまた、彼の全体系の中で極めて異質な位置にあると言わねばならない。そもそも、レヴィ＝ストロースはソシュールの曲解から出発する。自然から文化への移行と共に、世界は一挙に象徴的意味を帯びる、即ち、シニフィアンの系列とシニフィエの系列が一挙に分節化されるのであるが、シニフィアンとシニフィエをしっくりと対応させる作業——レヴィ＝ストロースのいう「認識」——はゆっくりとでなければ進まない、というのである。ソシュールによれば、シニフィアンとシニフィエは紙の表と裏のようなもので、紙を切るようにして同時に分節化され、文字通り表裏一体の結びつきによってシーニュを形作るのであったから、レヴィ＝ストロースの論理は何とも奇妙なものである。ここでは、しかし、ドゥルーズにならって、構造が形成されるには分節化された別々の二系列が対応関係に入ることで十分であると考え、レヴィ＝ストロースの鋭い直観の示すところに耳を傾けよう。そのポイントは、シニフィアンのシニフィエへの割り付けが遅々として進まない以上、シニフィアンはシニフィエに対して常に過剰に存在し、二つの系列の対応を維持しようと思ったら、特別なシニフィアンがこの過剰分を集約的に引き受けねばならないということである。それが他ならぬ《浮遊するシニフィアン》であり、贈与におけるハウや、呪術におけるマナの内実であるとされる(13)。

ラカンと共に想像界の混沌を直視し、それをサンスの過剰として特徴付けておいた我々は、以上の理論のエッセンスを抽出しつつ、より簡潔な記述をすることができる。サンスの過剰は恣意性のカオスとして現われるが、ソシュールの示した通り、象徴的思考はそれを、差異的に分節化された対応する二系列の平面的なひろがりとして、秩序化しようとする。然るに、この記号の平面は過剰を回収しきれず、ある特定の位置で垂直方向にひだをよせてしまう。こうして生ずるのが《浮遊するシニフィアン》とその特権的な力なのである。この特殊な要素は、平面の外にはみ出ている、即ち「それ自身の場所に欠けている」（E二五）がゆえに、全平面に遍在し、各要素にそれぞれの規格を配分することができる。各要素がまずこの要素との関係において規定されるという点で、それはゼロ音素に比すべき性格をもつのである。父の介入による去勢において、各個人がファルスとの関係で自己を主体として再構成するのだということを想起すれば、ラカンの理論において「特権的なシニフィアン」（E六九二）の位置を占めるのがファルスであることは、容易に見てとれるだろう。ただ、この問題を詳しく扱う余裕はないため、父の名とファルスの連関については《父の名》の隠喩の理論の参照を願うことにしたい。

以上で再確認されたのは、諸要素の平面的なネットワークが内に孕んだ矛盾を処理しきれず、過剰を一身に帯びた特別な要素を外へ押し出すというプロセスである。平面を貫く垂直の力の運動。原則として、平面的な形で完結した構造に視野を限ってきたレヴィ＝ストロースさえ、ここでその力の運動を見出さずにはいられなかったことは、大変興味深い事実である(14)。

ここで第二の点に移らねばならない。平面的に完結していると見えた構造が、ひとつの《出来事》によって析出された不可視の中心に吊り支えられていること。それを認めた上で構造主義にとって可能な最後の防御は、一度限り析出された中心が完全な支配権を手にし、すべてを象徴界のうちに包摂しえたのだという神話を語ってみせることである。我々はラカンと共にこの神話を打ち破り、象徴界は常に、未だそのうちに包摂されざる部分との相互作用のうちにあって、それを内部に取り込むべくダイナミックな運動を続けていることを、はっきりと確認しなければならない。実際、象徴界の中の主体が常に満たされざる欠如をかかえていることを指摘したとき、このことは予告されていたのではなかったか。それをより詳しく検討するために、存在欠如の十字架を背負った幼児のもとに戻って、それが象徴界に参入していく過程をもう一度見ておく必要がある。

卵の片割れとしての幼児が喪われた半身を求めて叫びをあげるとき、ドラマが始まる。それは存在欠如の叫びであり、それ自体としては無意味な、いやむしろ過剰なサンスを孕んだ、無指向的な叫びである。しかし、この叫びはただちにシニフィアンの鎖にすくい取られ、名を与えられる、と言うのは他でもない、おとなたちはこの叫びに「ミルクが欲しい」「暖かくしてほしい」等々といった意味を聞き取るのである。幼児が本当に欲しているのが完全な卵に戻ることであってみれば、それは名を与えられることで必然的にズラされずにはいない。とは言え、それによって部分的にではあれ満足が与えられる以上、満たされそこなって宙に浮いた過剰な部分もまた、シニフィアンの鎖を支える場である《他者》を指向せざるをえない。こうして、叫びが孕んでいた無指向的な欠如（besoin）は、全面的に満たされるということが不可能であるがゆえに部分から部分へと回付される換喩的運動に従いサンタグマティックに統合されて、指向性をもつ無意識の欲望（désir）となり、そのつど個々の対象に向かう特定の要求（demande）として、ズラされて意識にのぼることになる。この意味において、ラカンは「欲望とは存在欠如の換喩である」（E六二三）と述べている。

幼児が言語の世界に足を踏み入れ、無力な存在欠如の状態から脱して欲望の主体として自己を確立するまでには、長い困難な道のりがあるのだが、その第一歩は、あの有名なFort-Daの遊びに見出されるだろう。Fort-Daとは母の不在-現前の謂であるが、幼児が母と双数的な関係にある時期のことだけに、その不在はとりわけ危機的なものとして立ち現れる。Fort-Daの遊びとは、自分にとって手も足も出ないこの危機を、音韻対立を用いて記号化することにより、自分の能動的支配のもとに引き受けようとする操作に他ならない。ラカンは次のように述べている。「主体は、喪失を引き受けることによって喪失を統御するばかりか、そこにおいて、自己の欲望を自乗するのだということを、今や私たちは把握することができる。なぜなら、彼の行為は、それが、その対象の不在と現前を先取りする誘発において現われさせたり消え失せさせたりする対象を、破壊するからである。かくして、彼の行為は欲望の力の場にマイナスの符号を付し、それ自体、その固有の対象となる。

そして、この対象はただちに二つの要素的な発射の象徴的な対のなかに形をなし、主体の中で音素の二分法の通時的統合を宣言する。それについては、現存の言語が音素の共時的構造を主体の同化に供する。そして、子供は、Fort と Da のなかに、自分が環境から受け取った言葉を多かれ少なかれ近似的に再現することによって、環境の具体的な言説《ディスクール》の体系の中に入り込み始める。」（E三一九）勿論、Fort-Da の遊びは未だ双数性のリズムの再現でしかない。たしかに、「子供は、音素の対立のなかで、現前と不在の現象を超越し、それを象徴的な次元にもたらす」のだが、「彼が事物の支配者になるのは、まさしく、彼がそれを破壊する限りにおいてでしかない」（SI一九五）のである。この矛盾が解決されるには、去勢によって主体が《他者》の秩序に参入するのを待たねばならない。とは言え、鏡像段階におけるイマジネールな一次的同一化が後のサンボリックな二次的同一化に利用されるように、Fort-Da の遊びは幼児が象徴界に入っていくきっかけとして重要な意味をもつのである。

こうして我々は、部分的にではあれ欠如を埋めようとする志向、欠如を能動的に引き受け統御しようとする努力こそが、幼児を象徴界へ導き入れるのだと言うことができる。大体、人間が満ち足りた存在であったなら、言葉など必要なかった筈なのである。「実際、この（誕生の）時期尚早性が想像界のなかに開く裂け目、鏡像段階の諸効果が充満している裂け目によってこそ、人間という動物は自らを死すべきものとして想像できるのだが、象徴界との共生なしにそれが可能だと言えるわけではなく、むしろ、人間を自らの像《イマージュ》へと疎外するこの裂け目がなかったなら、人間がそこにおいて死すべき主体として構成される象徴界とのこの共生自体が生じえなかっただろうと、言えるのである。」（E五五二）こうしてみると、象徴界の外部は、その限界であると同時に条件でもある。象徴界は欠如を根拠とするものであり、その欠如が常に完全には満たされないままにしておくことで、主体の欲望を吸い上げ続けるのである。

象徴界のもつこうしたダイナミックな構造は、狭義の構造主義のスタティックな構造概念をはるかに踏みこえている。「無意識は言語活動《ランガージュ》と同じように構造化されている」というラカンの有名な公式は、「無意識は言語《ラング》と同じような構造である」という命題と混同されてはならない。レヴィ＝ストロースの、空虚な形式としての無意識の概念（15）は、明らかに後者に近いが、ラカン自身の示唆にもかかわらず、それとラカンの無意識の概念の間には大きな隔りがある。実際、音韻体系に代表されるような閉じた構造は、無意識の解明に殆ど寄与するところをもたない。真に問題なのは、主体の欲望と《他者》を結ぶ言説《ディスクール》の運動なのである（16）。

さらに、ラカンの影響下で書かれたと思われるアルチュセールのイデオロギー論（17）

も、構造の再生産の問題に大きく一歩踏み出しながら、ラカンの視点を十全にいかしきっていないように思われる。アルチュセールは、論理的に主体に先立つものを個人と呼ぶ。個人は《主体》に呼びかけられることによってはじめて主体となり、他の主体と相互承認を行ないうるようになるという論理は、ラカンの理論を検討したあとでは容易に了解できよう。しかし、アルチュセールがその上で「個人はつねに‐すでに主体である」ととらえ返すとき、ひとつのズレがしのびこむのではあるまいか。たしかに、人間の世界は徹頭徹尾象徴的に構成されており、個人は生まれた時から、いや、誕生を待たれている時から、象徴界にとりまかれている。とは言え、個人が十全な意味で象徴界に参入して主体となるには、すでに見てきたような恐るべき戦いが戦われねばならないのであり、そのことはアルチュセール自身がラカン論において認めている通りである。従って、構造を閉じるには《つねに‐すでに》という措定が不可欠であるにもかかわらず、我々は構造と《未だ‐ない》部分との相互作用を無視するわけにはいかない。この視点が弱いため、アルチュセールは、主体がなぜ《主体》の呼びかけに答えずにはいられないのか、言いかえれば、主体の欲望はどのようにして吸い上げられ続けるのか、説明することができない。周知の通り、ラカンのローマ講演は三つのDaの雷鳴が響き渡る中でケレン味たっぷりの終幕を迎える（E三二二）。《言葉の法（loi de la parole）への従属》と《言葉の賜（don de la parole）による相互承認》を表わす最初の二つのDaの響きは、アルチュセールにおいても聞きとることができるのだが、《言葉の呼びかけ（invocation de la parole）への反響》を表わす最後のDaの残響は、弱々しいアーメンの形でしか残っていない。

（13）以上の理論は勿論「マルセル・モース著作集への序文」（邦訳『マルセル・モースの世界』みすず書房二〇四～五三頁）に述べられたものである。これは一九五〇年に発表されているが、註にラカンの名が見えることが注目される。一方、ラカンがこれに言及しているのは、一九五三年のローマ講演においてである。なお、この理論は、構造主義を乗りこえようとする人々によって、さまざまな形で取り上げられてきた。とりわけ、ドゥルーズの、「構造主義はなぜそう呼ばれるのか」（邦訳『シャトレ哲学史Ⅷ・二十世紀の哲学』白水社三三二～七一頁）及び *Logique du sens*, Minuit のセリー6・セリー8における、極めてシャープな記述を見られたい。また、デリダも、La structure, le signe et le jeu dans le discours des sciences humaines, *L'écriture et la différence*, Seuil において、近親相姦の禁止と並べてこの理論を取り上げている。

（14）『野生の思考』の中にも同じような場面がある。レヴィ＝ストロースはそこで、対応する二系列の平面的なひろがりとしてトーテミスムを特徴付けたあと、それに直交する垂直の運動として供犠《サクリフィス》を見出す、いや、見出してすぐ忌避するのである。

（15）「象徴的効果」（邦訳『構造人類学』みすず書房二二四頁）。

（16）ラカンと構造言語学との少なからぬ距離については次の論文を見よ。E. Roudinesco, L'action d'une métaphore, *La Pensée*, n°162, avril 1972.

（17）前掲書。なお、アルチュセールの理論の極めて興味深い点は、象徴的な再認（reconnaissance）の構造全体が、現実的な生産関係の想像的な無視＝誤認（méconnaissance）を伴うという分析である。詳しくは、拙稿「アルチュセール派イデオロギー論の再検討」『思想』一九八三年五月号を参照されたい。

5　構造と力

我々はラカンの姿を、いわば構造主義の極限に立つものとして、浮き彫りにしてきた。にもかかわらず、その姿には構造主義の限界が執拗につきまとっている。その限界とは、端的に言って、力を事後的にしか見出せないということである。

我々は、諸個人の相互関係の平面が孕む矛盾の帰結として、垂直の力を見出してきた。それにしても、主体が《主体》との同一化によって構成されるのであってみれば、主体となる前の個人とは何か。それが個人と呼ばれるのは、いかなる資格によってか。ここに、ひとつの誤謬推理《パラロジスム》の兆を見出さねばならない。実際、諸個人の相互関係の平面から話が始まるのを許してしまえば、あとはすでに見たプロセスが進行し、《他者》の権力とそれによる秩序が、テロスとして要請されざるをえないのである。しかし、それが普遍的なテロスだというのは、どこかおかしいのではないか。力が見出されるとすれば、それは、そのようなテロスにおいてではなく、端緒においてではなかったか。兄弟間の矛盾が父の権力我々は、端的に垂直の力の運動から出発して論理を展開する必要を見出すことになる。こうして、を帰結したのではない。父の権力が兄弟に先立つものとして存在したのである。

マルクス、ニーチェ、フロイトが構造主義以降あらためて問題になるとすれば、それは、彼らが今述べた意味における《力》の思考を展開した——あるいは可能性として内包している——からに他ならない。ここで、それを唯物論と呼び、《かたち》を始源とする思考を観念論と呼ぶと言えば、蛇足になるだろう。この中でとりわけニーチェの影の下で書かれたドゥルーズ゠ガタリの『アンチ・エディプス』に注目しておきたい。そこでは、文化は、何よりもまず垂直の力のドラマとしてとらえられる。それは、錯乱せる自然を矯めようとする力とそれに反発する力の葛藤である。この力が負債の運動によって社会の表面にひろがっていってはじめて、そこに構造が形成される。その構造のあり方について、ドゥルーズ゠ガタリは、①原始共同体—コード化 ②古代専制国家—超コード化 ③近代資本制—(制限された)脱コード化、という三段階を提示するのだが、この詳しい検討は次章以下にゆずらざるをえない。ただ、ここでは、いわば絶対的な債権者としての《他者》がすべての主体を一元的に包摂するというラカン的構図が、②に、そして②だけに、該当することに注意しておきたい。問題構制の根源的な変革が、そのような相対化を可能にするのである。

とは言え、ドゥルーズ＝ガタリは、精神分析の家族主義から逃れるにあたってラカンの一般的な論理構成に多くを負っており、また、ラカンの論理を自分たちの体系に組み込んで縦横に活用している。おそらくそれこそがラカンの正しい読み方ではなかったか。ラカンが晩年になるにつれ文字通り専制君主的な相貌を帯びていったことは否定できない。けれども、ラカンの面目は、むしろ、一生を通じて続いた《正統派》との闘争に、あざとい戦略と苛烈な否定に、遺憾なく発揮されてきた筈なのである。《構造主義以降》が問題となっている今、構造主義のリミットに立つラカンは、最後に乗りこえるべき対象として立ち現われる。そのとき、ラカンの言葉を経典のように繰り返すことではなく、それを読み抜き、いわばその向こう側まで突き抜けることこそ、この否定と切断の人にふさわしいように思われてならない。

付記　本章は一九六〇年頃までのラカンに重点をおいて書かれている。それ以降のラカン、メビウスの輪をはじめとするグラフやアルゴリズムを駆使して秘教的な教説を述べ続けたラカンについては、資料が出そろうのを待って新たな論考を用意する必要がある。

第四章　コードなき時代の国家

――ドゥルーズ＝ガタリのテーマによるラフ・スケッチの試み

はじめに

いたるところに国家がある。誰もが国家と面と向き合っているわけではない、しかし、いつどこにいようと、ちょっと手をのばしてみればすぐそこに国家の存在が生々しく感知される筈だ。直接目には見えなくとも、ありとあらゆるところに触手をのばし、ひとりの獲物も逃がすまいという構えでじっと様子を窺っている怪物。この怪物の術中にはまりたくなかったら、何はともあれ、誰もが国家について語らねばならない。と言っても、当面問題なのは、この怪物の居場所をぴたりと言い当て、その生態をくまなく明らかにすることではない。それは至難の業だし、第一、それに成功したと思った瞬間ほど危険な時はない。ある一角に追い詰めたと思っていたら突然背後から襲いかかってくるという遍在性、いやむしろ偏心性こそ、怪物の怪物たる所以ではなかったか。だから、国家を語るには、融通のきかぬ厳格さよりも、すぐれた猟師に特有の一種の気楽さ、ドゥルーズがユーモアと呼ぶ資質をもってせねばならない。国家の怪物的跳梁ぶりについての無責任な噂が絶えず巷を駆けめぐるようにすること。ノイズの波によって怪物の鱗を逆撫でし、それを暗闇からいぶし出すこと。

ところで、今日「国家論」というタイトルで流通している膨大な言説ほど、この戦略から遠いものはない。一方にはマルクス主義国家論の名を冠する細緻な訓詁学の集積があり、他方には現実の国家に密着した実証分析がうずたかく積み上げられている。その両者がいわばそそり立つ壁となって、外部の人々が自由に国家を語ることを極めて難しくしていると共に、各々の内部で思考のカタレプシーを兆しつつあると言えば、言い過ぎになるだろうか。ともあれ、ここではそうした国家論のひとつひとつと対峙しつつ論を進めるという道はとらない。全くのゼロから出発することなど不可能だということ、とりわけ、これから辿るコースがマルクスのそれと何度も交叉するであろうことを予め確認した上で、我々はドゥルーズ＝ガタリによって切り開かれた新たな地平に視座を移して国家を語ってみることにしたい(1)。

彼らのヴィジョンは実証主義から最も遠いところにあって、しかも、マルクス主義国家論のような抽象性を持たない。あえて抽象的と言うなら、それは幼児の描く絵地図と同じように抽象的なのである。誰もがそれを持って気軽に街に出かけ、体験に従って手を加えることのできる絵地図のように。実際、絵地図の身上はその柔軟性・可変性にある。従って、以下の記述はドゥルーズ＝ガタリの理論の忠実な祖述ではないし、また、そうあるべきでもない。むしろ、例えば彼らがマルクスを《利用》するのと同じような気楽さで彼らを《利用》することが狙いなのだ。彼らと我々の間には小さからぬ落差が生じることになるだろう。そして、本稿が何らかの意味で生産と呼ばれるに値するとすれば、この落差こそその根拠である。

（1） 以下、引用は *L'Anti-Œdipe*（ＡＯ）及び *Mille Plateaux*（ＭＰ）による。これらはいずれも Minuit から刊行されている。なお、彼らの理論の包括的な検討としては、「ドゥルーズ＝ガタリを読む」（今村仁司との対談）『現代思想』一九八二年一二月号をも参照されたい。

1　コード化・超コード化・脱コード化

言うまでもなく、国家とは諸々の力の絡み合う場である。しかし、さらに一歩遡って、人間の文化そのものを力の劇としてとらえねばならない。それは、錯乱せる自然としての人間的自然（human nature）を矯めようとする力とそれに反発する力の織りなすドラマである。『道徳の系譜学』におけるニーチェにならって、これを記憶の問題として語ることもできるだろう。人間はいわばメモリーのこわれたオートマトンのようなものである。メモリーに入れてあった筈の本能という名のプログラムはいつの間にかすっかり狂ってしまい、人間を、放っておけばいつどちらの方向へ走り出すかもわからぬ「半動物」と化してしまう。通りすがりにではあるが、このような狂いをもたらした因果連関の中でネオテニーと脳の超複雑化という二点を指摘しておくことは、事態の了解に役立つだろう。有機的な生の世界とのズレを孕んでしまった本能は、肥大した脳のリゾーム的な迷路（2）の中でから回りし、情報的過剰――方向＝意味《サンス》の過剰を作り出す。これは極めて危機な状態である。狂ってしまった有機体的メモリー、「あらゆる共同体の企てに洪水を引き入れかねない大いなる生の宇宙の記憶（mémoire bio-cosmique）」（ＡＯ二二五）は、是が非でも抑圧されねばならない。その上で、今度は象徴的《サンボリック》次元において、言語的メモリーを刻みつけることが急務となるのである。「いかにして人間獣に記憶が植えつけられるか。いかにしてこの半ば鈍重な、半ば愚鈍な刹那的悟性に、この健忘の化身にいつまでも消え失せないような印象が刻みつけられるか。」ニーチェはこの問いに簡潔に答えている。烙きつけること、絶え間なく苦痛を与えることによって。これである。大地の上に横たわった錯乱せる身体に向かって下降する真赤にやけた焼きごて。その皮膚に奇怪なしるしを彫りつける刺青刀。文化とは何よりもまずこのような垂直の力の運動なのだ。

さて、文化が多少とも安定した構造として存立するためには、この垂直の力が社会の全表面に拡がることを可能にする何らかのメカニズムが必要である。このメカニズムがいかなる形態をとるかによって、いくつかの文化を区別することができるだろう。以下、ドゥルーズ＝ガタリにならって、それら諸形態の中から重要な理念型をとり出し、一般的な時代区分と対応させせつつ、①コード化―原始共同体 ②超コード化―古代専制国家 ③（制限された）脱コード化―近代資本制の三段階の定式化を行なうことにする。

第一段階において力を伝播させる働きを担うのは、中心なき軌道を描く負債の運動である。この軌道とはモースが見出した贈与の円環に他ならない。一方的な贈与と見えるものを円環の一契機としてとらえ返すことによって、拡大された相互性＝互酬性による解釈が可能になったこと、それを承けたレヴィ＝ストロースが贈与の円環を一般交換として定式化したことは、これまでに何度か触れてきた通りである。万古の昔から所定のルール通りに機械的な回転を続ける一般交換の円環。これこそ彼の言う冷たい社会を支えるメカニズムである。我々は、しかし、モースにあってレヴィ＝ストロースが無視している側面に注目したい。それは微視的なダイナミックスの分析とでも言うべき側面である。モースは、贈物には特殊な力が宿っていて受贈者に返礼を強いるのだという思考形式をとり出し、何度も問題にしている。実際、はじめから閉じた円環を俯瞰するのではなく、あくまでも一方的な行為としてのひとつの贈与に注目してみよう。すると、この贈与が受贈者をいわば債務者の地位に落とすことがわかる。この負債（Schulden）こそ、受贈者に負い目（Schuld）を烙印し、ルール通りに次の贈与を行なわせる保障である。受贈者は、今度は自分が贈与すること、つまり《払う》ことによってはじめて、身に帯びた負い目を《祓う》ことができるのである（3）。ここで、贈与の円環がすぐれて女の贈与の円環であり、従って、ルール通りの贈与とは典型的には近親相姦忌避の謂であることに注意しておこう。以上のような視点をはるか以前に打ち出していたのがニーチェである。ニーチェ的視点から見れば、レヴィ＝ストロースが冷たい予定調和のうちに回転し続けるものと考えている円環は、熱い負債の運動の軌跡として立ち現われる。言ってみれば、円環を高みから俯瞰するのではなく横から近接して見るとき、そこに見出されるのは図Aのような垂直の力を図Bのような形で伝播させる運動なのである。このように

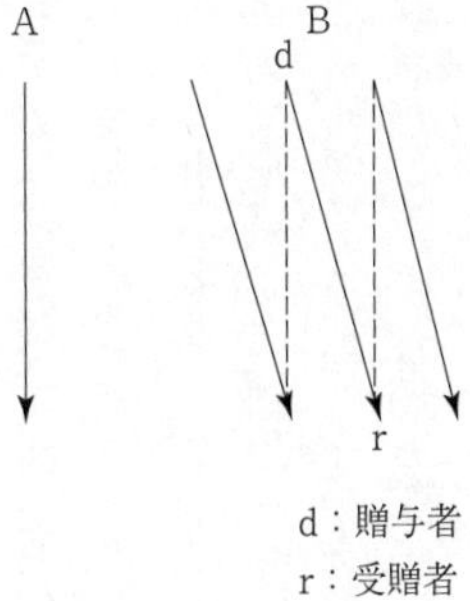

して力は社会の全表面に拡がり、ひとりひとりにルール通りの行動を課していく。本能による規制を失ってありとあらゆる方向に走り出そうとしていた欲望（4）の流れに対して、コ、ー、ド、化（codage）が行なわれるのである。レヴィ＝ストロースが見出したような象徴秩序の構造は、その結果として出来上がったコードに過ぎない。言いかえれば、不均衡でダイナミックな過程こそが本源的なのであって、一般交換のスタティックな均衡は必ずしも安定的とは言えぬ派生物に過ぎないのである。してみると、永遠の円環的調和のうちに安らう歴史なき冷たい社会というヴィジョンは、極めて観念的なものと言わねばならない。ただ、レヴィ＝ストロースのために付け加えておけば、スタティックな象徴秩序の中に過剰な欲望の流れを包摂してしまうことはできないということ、周期的に祝祭を行なって供犠の興奮と《浮遊するシニフィアン》の氾濫の中で過剰を処理する必要があるということを、彼自身の理論の端々から読み取ることができる。冷たい社会と熱い祝祭。これが山口昌男（5）やジュリア・クリステヴァ（6）の提唱するような秩序と混沌の弁証法に沿ったレヴィ＝ストロース理論の修正である。しかし、ここではさらに一歩進んで、円環の日常的な回転自体の中に熱い運動を見出すことにより、冷たい社会という虚構を脱‐構築することが問題だったのである。このことは、最後に我々がコード化を原始共同体の段階に位置付けるのを妨げるものではない。実際、負債の運動はあくまでも大地に根差した平面的な領域の上に中心なき軌跡を描いていくのであり、領域外の超越的な原点の如きものを何ら前提としないのである。

第二段階は、こうした原始共同体がいわばタテに積み重なっていくときに始まる。征服や支配などの共同体間関係がその第一の契機であることは言うまでもない。ただし、共同体内にもうひとつの契機がひそんでいる。そもそも原始共同体は冷たい均衡ではなく熱い不均衡に彩られており、それが垂直的な支配関係を醸成する可能性が常に存在するわけだから、例えば、外敵の脅威から共同体を守る立場にある者が外圧を内圧に転化する形で共同体内の支配者になるといったプロセスが、十分に考えられるのである。現実の歴史においてはこうしたさまざまな契機の複雑な絡み合いが見られ、その結果、多様な関係が重なり合って、文字の上に文字を重ねたパランプセスト（AO二五七）の如き状況が作り出されている。けれども、それを通してひとつのイデアールな構図を透かし見ることができる。それは、ただひとりの王（もしくは神）が臣下たちの上に君臨するという、ピラミッド型の構図である。ここでピラミッドというのは単なる言葉の綾ではない。古代の王朝が残した巨大なピラミッドは、その背後に、王を頂点とする社会的ハイアラーキーの存在を推定させる。人間を部品とするこのピラミッドをマンフォード（7）はメガマシーンと呼んだが、天に向かって聳え立つその姿が大地に張り付いた原始共同体とは異なる新たな段階を示していることは、誰の目にも明らかである。但し、この段階においてかつての共同体とそれを規制するコードが完全に解体されるわけではない。それらは領域的な自足性を奪われるが、改めてユニットとしてピラミッドに組み込まれ、頂点に吊り支えられるようになるのである。別の観点から見れば、大地に張り付いていたものたちはひとまず脱属領化されるが、その上でメガマシーンの部品となって、王そのものの上に、言いかえれば王の身体としての王国の上に、再属領化されることになる。重畳したコードを超越的な頂点によって包摂・規制するというこの新しい体制のメカニズムを、超コード化（surcodage）と呼ぶことができるだろう。さて、このメカニズムはあの力をどのように作動させているのだろうか。ここで我々は、各人が絶対的債権者としての王に対して無限の負債を負うという構図を見出すことができる。今や、王こそがはるか高みからピラミッド全体を吊り支えてくれる原点となり、終には各人の存在そのものが王の賜であるとされるにいたるからである。何としても埋めようのないこの負債がシステム全体を金縛りにして安定させる。これこそ超コード化のメカニズムの働きである。こうしてみると、王は極めて特異かつ超越的な性格をもっているわけだが、それを示す決定的なメタファーを、王家の近親相姦に求めることができる。王は、姉妹との近親相姦によって贈与の円環からはみ出した禍々しくも恐るべき存在となり、母との近親相姦によって親子関係をも超えた存在、いわば自らを含めた全員をわが子とする存在になる。旧い掟の輪の外に出た者、アナーキーな欲望の過剰を一身に帯びて砂漠に追放された者が、その過剰を己れの権能に転化しつつ、新しい掟を宣する王として帰還し、種族の父として全員を包摂する位置につく。ここで、王が極めて両価的な性格を帯びていることに注目せねばならない。とすると、王と臣下の関係が決して単純なものでないのは当然だろう。王への崇拝は、潜在的なルサンチマン、永遠の債務者におとしめられたものたちの怨恨と、表裏一体なのである。

以上の二段階を通じて、無方向的な欲望の流れがコード化・超コード化による規制をくぐり抜けて走り出す恐れは常に存在したが、あくまでもマージナルな可能性の域を出なかった。それに対して、グローバルな脱コード化（decodage）（8）を原理とする唯一の文化、これが、我々の図式の第三段階をなす近代資本制である。それ以前の段階では、社会は差異付けられた質的な位置の体系として整序されていた。それが今やバラバラに解体され同質化されて、量的な流れの運動の中に投じられるのである。と言うのは他でもない、近代資本制とは、すべてを、就中、脱コード化されてマルクスのいう二重の自由を身に帯びるにいたった労働力の流れを、商品としての運動にひきずりこむことによって成立する社会なのである。そこでは質的な差異など一切問題にならない。マルクスの言う通り、貨幣とは急進的な平等主義者《レヴェラー》であって、すべてを量的な大小関係に還元してしまうのである。資本となった貨幣はありとあらゆるものに化身しつつ世界を自らの運動に巻き込んでいく。これは、あの過剰の問題に対する前代未聞の解決である。欲望の流れの孕む過剰なサンスを差異の束としての高次元の象徴的意味《サンス》の中に固定するという戦略に代わって、それを一次元的に水路付け一定方向《サンス》にどんどん流してやるという戦略が登場するのだ。この新たな戦略は極めて巧妙にできている。実際、より遠くまで進もう、少しでも余計に生産しよう、という日常の前進過程そのものが際限なく過剰を吸収し続ける結果、周期的な祝祭によって過剰を爆発させたり、王の超越性のうちに過剰をとり集めたりする必要は、もはやなくなってしまう。但し、手放しで全面的な脱コード化が展開するに任せていればいいと考えるなら、それは全くの誤りである。すべては、欲望の多形的な流れの氾濫ではなく、資本の単性生殖を目指して行なわれるのであり、そのためには、すでに述べたように、脱コード化された流れを一定方向に誘導せねばならないのである。そのための新たなメカニズムを、ドゥルーズ＝ガタリは公理系（axiomatique）と呼ぶ。これとコードを混同してはならない。コードが質的な位置の体系を規定する規範であったのに対し、公理系は量的な流れの運動を調整する管理規則にすぎない。それはコードなき時代としての近代において欲望のアナーキーを規制する不可視のグリッドなのである。同じようなことは領域性についても言える。近代と共に前代未聞の脱属領化が行なわれることは言うまでもないが、それには人工的な再属領化が伴っている。ここで登場する「最後の領域性」（AO三二二）こそ、エディプス三角形に縮約された家族に他ならない。共同体とそれを規制するコードから外に放り出された近代の私的人間（homme privé）は、家族につながれエディプス化されて、定型的な主体（sujet）――フロイトの言葉を借りれば、超自我を内面化した主体――となる。言ってみればひとりひとりが「小さな植民地」（AO三一六）となるのであり、すでにこの段階で欲望の多形性が規制されるのである。ここで見出されるのは、王に対する無限の負債であったものが主体に内面化され、自己に対する負債と化すという構図である。主体は自らに負ったこの負債を埋めるべく、際限なしに走り続けねばならない。今や《主》は存在せず、しかも、《奴》でないものはひとりもいないのだ。当然、王に向けられていたルサンチマンは自己に差し戻されるという最悪のコースを辿る。ニーチェの喝破した通り、ルサンチマンの時代に続くのはやましい良心の時代である。

（2）『リゾーム』を読めば、誰しも脳の内部の錯綜した神経回路を想起せずにはいられない。ドゥルーズ＝ガタリ自身も、『リゾーム』がMPに収められるにあたって追加された箇所（MP二四）で、脳のリゾーム的性格に触れている。

（3）この点は経済人類学によって説得的に主張されている。例えば小松和彦・栗本慎一郎『経済の誕生』（工作舎）二九～三一頁を見よ。

（4）ドゥルーズ＝ガタリの言う欲望は、ラカンのそれとは異なり、言語的構造に先立つものである。

（5）　とりわけ『文化と両義性』（岩波書店）を見よ。

（6）　*La révolution du langage poétique*, Seuil, A-I-11.

（7）　『機械の神話』（邦訳河出書房新社刊）。

（8）　脱コード化は、マルクスのいう「資本の文明化作用」やウェーバーのいう「脱魔術化」を一般化した概念であると考えてよい。なお、décodage とは、本来、コードを探り出し、それにてらしてメッセージを解読することを意味する語であるが、ドゥルーズ＝ガタリによれば、野生の思考や無意識の構造を解読《デコデ》するということは、とりもなおさず、領域的なコードとしてのそれらを解体《デコデ》し要素化して、近代資本制の運動の中に取り込むことなのである。

2　三段階図式と歴史

以上の三段階図式に沿って国家を問題にする前に、この図式についていくつかの注意を述べておく必要がある。まず、この図式があくまでも理念型であってそのまま歴史的に妥当するものではないということに、改めて注意しておきたい。とりわけ、古代専制国家に先立って原始共同体が存在した、とする解釈は斥けねばならない。実のところ、国家は人類の歴史と共に古いのであって、原始共同体は常に国家との外的・内的な関係にあったというのが、ドゥルーズ＝ガタリの見解である。このことは、しかし、コード化と超コード化を独立したふたつのメカニズムとしてとり出すことを妨げるものではない。また、超コード化のピラミッドという図式は、古代オリエントの帝国には比較的よくあてはまるものの、それと近代との中間に位置する歴史的諸形態には直接あてはめることが難しい。そこで、ドゥルーズ＝ガタリは補足的な類型を考えている（特にMP五七三）のだが、当面の課題とは関係がないため、ここでは扱わない。

このように、三段階図式は直接に歴史的なものではないが、にもかかわらず、その根幹にはあくまでも歴史的なヴィジョンがあって、偽りの人間学的普遍性を排除する効果をもつ。ここで念頭に置いているのは、ヘーゲルの相互承認論、マルクスの価値形態論、フロイトの父殺し論を綜合した一連の論理との関係である。ラカンやアルチュセールに潜在しているこの論理については、すでに何度か検討したことでもあり、ごく簡単に要点を想起するにとどめよう（9）。出発点は、生の世界とのズレを孕んだ欠陥動物としての諸個人が相互に出会う平面である。それが、解きほぐし難く絡まり合った矛盾の場、全員が互いに犯し合い殺し合うカオスとして立ち現われることは、想像に難くない。この混乱を一挙に解決する道として示されるのは、全員一致でひとりを犯し殺すことである。過剰なエロスとタナトスの一切を背負わされて平面の外へ放逐された死者は、平面を俯瞰する超越的な位置に立ち、身に蒙った過剰な力を己が権能に転化して、禁止の言葉を発する。それによって、もつれ合っていた直接的相互関係の網の目はいったん完全に切断され、各個人は絶対的な第三者としてのこの超越者だけに自己を委ね同一化することになる。言ってみれば、全員が共通の鏡に各々の姿を映し見るのであり、各個人はそこに社会的に安定した自己同一性を見出し、相互に承認し合うことが可能になる。こうして、各個人は超越者の鏡像としての主体になるのである。そして、主体たちを包摂する超越者とは、言うまでもなく、神にして王にして父、あるいはそれらに集約的に表現された象徴秩序そのものなのであり、財の世界で言えば貨幣に他ならない。以上のように、この論理の示す図式は超コード化のそれとほぼ同型である。しかし、問題なのは、それが人間学的普遍性をもつものとして提示されることである。それは、神学的・専制的・父権的な体制を歴史貫通的な必然性へとしたてあげ、それに代わるものの探求を断念させることにつながるのではなかろうか。そこまでは言わないとしても、そのような観点からは、原始共同体や近代資本制のメカニズムを十分にとらええないのではなかろうか。むしろ、超コード化のメカニズムを歴史の中に埋め戻すべく、件の論理の前提を疑ってみなければならない。実際、象徴秩序に参入する以前の諸個人が出会う場面に出発点を求めるというのは、極めて人工的な操作である。それは弁証法の論理が要請する純然たる抽象なのであり、その弁証法がヘーゲル的なものであろうと反ヘーゲル的なものであろうと、その点には何の変わりもないのである。

現実には、はじめにカオスがあり、そのあとで文化が生ずるのではない。文化とは当のはじめから、カオスを矯めようとする力とそれに反発する力の劇ではなかったか。この観点から出発することによって、ここでは超コード化をひとつの歴史的類型としてとらえることになったわけである。

このような歴史的相対化は、特に近代における国家を問題にしようとしている我々にとって、不可欠なものである。実際、近代とはすぐれて中心なき時代である。超コード化は、中心をいわばブラック・ホールとして超越的な位置に置き、それとの絶対的なポテンシャルの差によって象徴秩序を金縛りにして吊り支えるという構造を構えていたのだったが、脱コード化によってそうした中心を消去することこそ、近代への第一歩なのである。これは何も事新しい認識ではない。神が死に、王の首が落ち、貨幣が退蔵されることをやめて流通の中に投じられるときに、近代が始まるのだということは、誰もが知っている筈だ。この単純な事実がしばしば忘れられているかに見えるのは、不可解と言うほかない。しかも、脱コード化の尖兵である貨幣をめぐってすら、そのような誤解が語られているのである。例えば、貨幣が象徴の中の象徴、象徴的価値体系を吊り支える中心であり、超越的な位置に留保《リザーヴ》された存在だという議論がある（10）。この議論は、超コード化段階における特別な財、例えば金については正しいが、脱コード化段階における貨幣には決してあててはまらない。かつて金は、財の世界に付与された象徴的価値の過剰分を一身にとり集めた幾分か彼岸的な存在であり、象徴的価値体系の実体的な中心、質的なテロスであった。それゆえにこそ、人々は金を壺に入れて退蔵したのである。それに対して、近代資本制における貨幣は、もはやスタティックな象徴的価値体系の頂点に腰を落ち着けてはいない。自ら、徹頭徹尾此岸的な運動の只中にとびこんでいき、いわば地上に現われたブラック・ホールとして欲望の流れを一方向に吸引し続けるのだ。この運動が一切の質的差異を還元することによって象徴的価値体系を脱コード化することは、すでに述べた通りである(11)。このような金と貨幣の対比は、過剰を一点にとり集めるという戦略と日常的な前進運動の中へ流しこむという戦略の対比とパラレルである。以上の対比は、コード化・超コード化の段階から脱コード化と公理系の段階に移行するとき、実体的中心をもつ可視的ハイアラーキーを探し求めても無益だということ、むしろ、不可視の裏方としての中心なき整流器を発見しようとすべきだということを、示唆しているように思われる。

最後に、中心が相対化されるとき、中心の鏡像としての主体という把握も変更されざるをえないことに注意しておこう。先に問題にした論理によると、個人は象徴秩序の中心としての超越者に自己を同一化することによって主体となる。アルチュセールの表現によれば、Sujet の似姿としての sujet になるのである。そして、象徴秩序に先立つ場面が抽象的な架構である以上、個人はつねに－すでに主体である、ととらえ返さねばならない。これに対し、ドゥルーズ＝ガタリの理論において、主体はそのような普遍性を持たない。定型的な主体は、コード化の段階においては勿論のこと、逆説的なことに超コード化の段階においてすら存在しないのである。というのも、超コード化のもとでは、各人は定型的な主体としてではなくメガマシーンのさまざまな部品として成型されるのだからである。そのような差異付けられた位置の体系が解体され、諸個人がバラバラになって放り出されるときにはじめて、ひとりひとりの個人をエディプス化し定型的な主体とすることが、文化の課題となる。言ってみれば、すべての個人を粒のそろった粒子として成型し、水路に流しこむこと。しかし、これはすでに次節で検討すべき内容である。

（9）　本書第一章、第三章を見よ。より詳細な分析はグー「貨幣の考古学」（邦訳『現代思想』一九八一年五―九月号）に見出される。

（10）　グーの前掲論文を見よ。同じような主張は最近いたるところで繰り返されている。

（11）　このような近代貨幣のありかたについては、次章以下で分析する予定である。また、種村季弘の「贋金の作り方」（『文化の現在・8・交換と媒介』岩波書店）ないし増補版「贋金の作り方」「贋金の使い方」（『ぺてん師列伝』青土社）は、王制のもとでの金と近代の貨幣の差異について、絶妙な角度から照明を与えている。なお、近代においても、脱コード化と相補的に、局所的な象徴的価値体系が作り出されることはある。ただし、それらの多くは広告などによる人工の産物であり、また、スタティックな差異の体系ではなく、差異化の累積的進展というダイナミックな契機を孕んだものとなっているのである。その分析は、ヴェブレンやボードリヤールの理論の最良の部分をなすと言えよう。

3　原国家と近代国家

以上の三段階図式を前提とするとき、国家はどこに位置付けられるだろうか。ドゥルーズ＝ガタリは国家を超コード化の機構としてとらえる。勿論、超コード化の図式自体はイデアールなものであり、直接目に見えるのは「所定の限界と条件のもとで超コード化の機械を実現する再属領化の仕組《アジァンスマン》」(MP二七二)として定義される国家装置である。それが時と場所によって多様な姿をとることは想像に難くない。けれども、それらを通じて同じ超コード化の形式を見出すことができる。ドゥルーズ＝ガタリはこれを原国家(Urstaat)と呼ぶ。

この国家観に批判的検討を加える前に、ひとつ確認しておくべきことがある。彼らの言う国家装置が決して社会の一部分に局在するものではないということである。それは、超コード化を通じて社会の全域に浸透する微視的な力の網の目として呈示されているのだ。ただ、これはとりたてて新しい認識とは言えない。実際、グラムシのヘゲモニー論を承けたアルチュセールが、公的領域に局在する国家の抑圧装置と並んで、私的領域の隅々にまで浸透する国家のイデオロギー装置を見出して以来、国家装置を社会の全域と外延を共にするものとしてとらえる道が開かれていたのである。ドゥルーズ＝ガタリやフーコーの展開しつつある権力の微視的分析は、この道をさらに遠くまで切り開いていくものと言えるだろう（12）。

さて、本題に戻ろう。最も大きな問題は、国家を超コード化の機構と考えるのが妥当かどうかである。もし近代を除外して考えるなら、事は簡単である。コード化を共同体、超コード化を国家と対応させるというのは、ほとんど定義の問題であり、疑問なしとはしないまでも、一応納得することができる。けれども、近代を考えに入れると、そう簡単にはいかない。脱コード化の只中にある国家を超コード化の原理で説明することができるのだろうか。近代国家を原国家のヴァリアントと考えることに無理はないだろうか。ドゥルーズ＝ガタリ自身、近代以前の国家と近代国家の間の段差を意識しており、前者が「超コード化の超越的パラディグム」（MP五六八）であるのに対して後者は「脱コード化された流れの公理系の内在的モデル」（13）（同）であると言ったり、前者が質的な位置の体系であるのに対して後者は「脱コード化された流れのレギュレーター」（AO二九九）であると言ったりしている。我々はむしろそれらを手がかりとして、コードなき時代の国家としての近代国家の独自な類型化を試みる必要があると考える。

そこで、暫定的な定式化として、近代国家を脱コード化された流れの内在的なレギュレーターとみなすことにしよう。それは、超越的な中心に吊り支えられた可視的なハイアラーキーとは正反対に、舞台の前面から退いて、不可視の裏方の役割を受け持つようになっている。このことは、近代において経済外強制がマージナルなものとなることと対応している。もちろん、国家が前面に出て来ることがなくなるわけではない。歴史的には本源的蓄積、地理的には第三世界の侵略に見られるような形で脱コード化を促進すると共に、犯罪者や狂人――とりわけ無制限の脱コード化を生きる精神分裂症者――の監禁などによって公理系の埒を越える脱コード化を抑圧するという表立った作業は、近代国家の本質的な役割りのひとつである。また、もう少し地味な形ではあるが、近代国家が当初から生産技術の向上や需要の拡大に関心を持つと共に、経済活動の暴走を規制する役割りを果たしてきたことも、重要な事実である。けれども、それだけなら公的領域で話がすむことになってしまう。むしろ、そのような流れの加速器・制動器としての役割り以上に、私的領域の隅々にまで浸透しつつ日常的に働いている整流器としての役割りを強調すべきであろう。それは、アルチュセールのいう国家のイデオロギー装置（ＡＩＥ）が果たすのとほぼ同じ役割りである。勿論、ここで問題になるのは近代国家のＡＩＥであって原国家のＡＩ

Eではない。後者においてはメガマシーンのさまざまな部品を作り出すことが目的とされていたのに対し、前者においては同じ顔をした定型的主体を作り出して流れ――その流れの中で、主体は自らのノッペラボウの顔に、「資本の流れの派生機能」（AO三一四）としての資本家と「労働の流れの派生機能」（同）としての労働者という仮面《ペルソナ》をつけることになる（14）――に乗せることが目的とされるのである。アルチュセールは、主要なAIEとして、中世においては家族と教会、近代においては家族と学校をあげているが、そこでもこのことを確認することができる。中世においては、子供は一定の身分の子として育てられ、一定の世界観を教え込まれた。ところが、近代になると様子が変わってくる。家族は一切の社会性を奪われてエディプス三角形に縮約され、一方、諸々の世界観を脱コード化することで科学――ローカルなパラダイムの相克・競争によって進歩する科学――が形成される。そこでは、AIEとしての家族と学校は、子供をエディプス化された「独立」の主体として成型し、一般性・汎用性をもつ知的能力を賦与することを、主な機能とするのである。

以上、流れのレギュレーターという線に沿って、近代国家の極めて簡略な素描を試みたわけであるが、それを具体化していく作業は本書の枠をはるかにこえる膨大なものとならざるをえない。ここでは、それに代えてひとつの決定的なメタファーをとりあげることで、近代国家の働きについて理解を深めていく手がかりとしよう。ベンサムが考案したあのパノプティコン(Panopticon)こそ、そのメタファーである。フーコーの『監獄の誕生』において、王制のもとでの身体刑のスペクタクルと近代におけるパノプティコンのエコノミーが見事な対比をなしていることは、今さら指摘するまでもない。前者の場合、死刑囚の身体に加えられる過剰な暴力は王の身体にとり集められた過剰な権力の陰画に他ならず、それを通して超コード化の働きをくっきりと浮かび上がらせていた。脱コード化によって王の首が落ち、権力が顔を失って非人称化されるとき、そこに集中されていた過剰な力は社会全域に拡散し、日常生活の隅々にまで浸透する権力へと転化する。この権力はすでに述べた通り個々の主体そのものに内面化されるのであるが、それをパノプティコンに即して見てとることができるのである。中央監視塔とそれを囲む円周上に配置された独房群から成る監獄。この装置の要点は、中央の監視人からは独房の囚人の姿が見えるが、囚人は監視人の姿を目にすることができないという仕掛けにある。従って、極端に言えば、監視人がいなくても不都合はない。常に見られているかもしれないという恐れが監視人の視線を節約する。言いかえれば、ひとつの「顔を欠く視線」があれば十分なのであって、囚人たちはやがてそれを内面化し、自分で自分を監視するようになるのである(15)。これこそ「太陽(ルイ十四世は太陽王だった)をも鷲(ナポレオン一世の紋章)をも無用にする」装置のメカニズムであり、そこに脱コード化段階の国家の核心を見てとることができる。さらに付け加えれば、見られることなく見るばかりか聴かれることなく聴くことをも可能にする仕掛けを考案するという、ベンサムの果たさなかった夢は、今日のテクノロジーによって易々と実現されている。実際、この種の装置が拘禁中の西独赤軍のメンバーに対して用いられたという。かくして、パノプティコンはパナクスティコン（Panacousticon）の性格をも兼ね備えるにいたった。今や主体は巨大な耳の中に閉じ込められている。そして、それは主体自身の耳なのだ(16)。これらの装置をメタファーとして理解されるような近代国家の働きによって、エディプス化された主体、自分自身の債権者であり監視者である主体が絶えず再生産され、自らに負った負債を埋めるべく、自らに監視されながら、一定方向に自動運動を続けることになるのである。

近代国家の原理を示すメタファーとしてパノプティコンをとらえることに対しては、拡張解釈を非難する向きもあろう(17)。けれども、この装置は考案された当初から単なる監獄のモデルにはとどまっていなかった。フーコーよりはるか以前にこの装置をとりあげたポラニーは、次のように述べている。「サー・レスリー・スティーヴンは、『ベンサムは弟と一緒になって蒸気エンジンを探しもとめていた。そして今や、蒸気の代りに囚人を雇うことを思いついたのだ』といっている。……ジェレミー・ベンサムのパノプティコンの計画は、監獄を安上りで効果的に監視できるように工夫されていたが、……彼は今やそれを自分の囚人工場に適用することを決意したのだ。そして貧民が囚人にとって代わるはずであった。ほどなくベンサム兄弟の個人的事業は社会問題全体の一般的解決計画の中に併合された。」(18)勿論、そうした計画が具体的な形で近代社会を覆い尽くしたわけではない。しかし、すでに述べた通り、そこに表現された原理は抽象的な形をとって一般化していった。フーコーが「一望監視《パノプティク》の図式は、……社会全体のなかへ広がる性質をおびていて、そこでは一つの一般化された機能になる傾向をもつ」と述べている所以である。言いかえれば、パノプティコンは、国家の抑圧装置のひとつとしての監獄の形態的モデルである以上に、国家のイデオロギー装置の機能的原理を示すものであると考えていいだろう。実際、パノプティコンの具体的な形態にこだわることは、危険ですらある。例えば、ボードリヤール(19)は、中心をもつ円環という形態に惑わされてか、この中心に「絶対的な眼差しの源泉」を見出している。しかし、この中心は、その実、虚の中心に過ぎず、重要なのは主体に内面化された非人称の視線だけなのである。このような誤解に基づいてパノプティコンの終焉を説き、フーコーを忘れようというのは、いかにも軽率という他あるまい。また、グリュックスマン(20)も同じようにパノプティコンの中心を実体化する。ただ、ボードリヤールと違って、そこに見出した求心性と可視性を過去のものとはせず、理性的近代国家の原理とするのである。我々の図式にひきつけて言えば、近代国家を超コード化に近い形でとらえることになるわけだ。一方、彼によると、マルクスは何よりもまず、ユダヤ人と貨幣を、つまりは脱コード化を、憎んだ思想家である。そこから導かれる結論はひとつ、即ち、マルクスもまた理性的近代国家の擁護者だということになる。こうした誤解の重畳に対しては言うべき言葉もないが、とりあえずは、マルクスの主要な敵が脱コード化段階における近代国家であって超コード化段階における原国家ではないのだ、というごくあたりまえの事実を指摘するにとどめよう。ともあれ、こうして見てくると、近代以前の国家と近代の国家をはっきりと区別して理論化することは、緊急の課題であると言わなければならない。

(12)　杉山光信の「権力概念の転換」(『中央公論』一九八〇年七月号、のち『現代フランス社会学の革新』(新曜社)に収録)のように、最近の権力分析とアルチュセールの理論との間の断絶を強調するのは、いささか皮相に過ぎるのではあるまいか。アルチュセールは国家のイデオロギー装置が社会の全域に浸透することを示しただけではなく、それが単なる支配階級の道具ではないこと、「国家のイデオロギー装置それ自体のなかではすべてが力関係であるということ」を確認しているのである。

(13)　例えば、一方に群の公理があり、そこから導かれる理論がある。他方、それを満たす特定の数学的対象が群と呼ばれる。簡単に言えば、この両者の関係が公理系とモデルの関係に他ならない。

(14)　「派生機能」に代えて「導関数」と訳すこともできる。とは言え、レヴィ＝ストロース以来のつねとして、こうした数学的メタファーはさほど重視するにあたらない。
(15) これはフーコー自身の解釈である。「権力の眼」(邦訳『エピステーメー』一九七八年一月号一六四頁)を見よ。
(16) René Major, Le Panacousticon, simulation d'un Etat freudien, *Traverses*, n°10, février 1978.
(17) 杉山光信の前掲論文を見よ。
(18)『大転換』(邦訳東洋経済新報社刊)一四四頁。
(19) *Oublier Foucault*, Galilée. La précession des simulacres, *Traverses*, n°10, février 1978.
(20)『思想の首領たち』(邦訳中央公論社刊)Ⅱ-1。

4　エタとナシオン

本章をとじるにあたっては、問題提起という形にとどまるとは言え、もうひとつの重要なポイントに触れておかねばならない。と言うのも、以上のスケッチは、実のところ、近代国家の半面を描いたものに過ぎないのである。それを昼の顔とするなら、夜の顔は未だ描かれずに残っている。実際、近代以前の薄明に代わって、パノプティコンの示すような真昼の明るさが世界を満たすというのは、事態の半面に過ぎない。近代と共に生まれるのは、昼ではなく、昼と夜の双対性、オフィスや工場を照らす白々とした蛍光灯の光と、どす黒いジェラシーが渦巻くベッドタウンの闇の、双対性なのだ(21)。

ここで蝶番の役割を果たすのは家族である。すでに見た通り、家族は近代国家のイデオロギー装置のうち最も重要なもののひとつであり、主体を成型して外へ送り出す整流器として機能する。しかし、そうやって放り込まれた外の世界は、決して居心地のいい所ではない。そこを貫流する脱コード化された流れは、コード化・超コード化による支えを失ったものたちが、究極的なゴールもなく、ただかりそめの安定感を得るために、群を成して一方向に走っている、という体のものであって、ひとは永遠の宙吊りの不安定性に耐えねばならないのである。してみると、日が落ちるとき、彼が安息の場を求めて家路につくのは、至極当然のことと言えよう。彼は、そこで自らを、そして家族そのものを再生産しなければ、生きていくことができない。こうして、家族は整流器としての役割りと人間の再生産の場としての役割りを二重に背負わされ、奇怪な相貌を帯びて立ち現われることになる。その中には、単性生殖するホモジニアスな資本の流れが外界をノッペラボウの死の世界と化していくときそこに収まりきらなかったヘテロジニアスな生のアナーキーが、渦巻きわだかまっているのだ。勿論、そのような生の蠢きは、「ママとひとつになりたかったら、その前にパパに追いつき追いこしてごらん」というおぞましくもウェットな三角関係の回路を通じて昼間の前進運動に束ねられ、その原動力として利用《エクスプロイット》されはする。けれども、そうした整流作用はどうしても何がしかの残滓を残さずにはおれず、また、それこそが人間の再生産にとっての必須条件なのである。

こうしてみると、家族は単純な装置であるどころか容易ならぬ矛盾の場であると言わねばならない。そして、この矛盾は決して家族の枠内に収まりきれるものではないのである。そもそも、家族に対する要求は余りにも過大であった。父は王の威厳を求められる、けれども、象徴的規範が管理規則にとってかわられたあと、父がどうやって重みある言葉を語れるだろうか。いわんや、大地の豊饒性を求められた母がその要求に応じきれなかったとしても、何の不思議もない(22)。こうして、生ある大地への祈りの声、民族の血の精髄を体現した英雄を呼ばわる声が、家族をこえて夜の世界を満たす。それがひとつに合わさったところに形成される夜の国家、ゲマインシャフト的な幻想の共同体を、とりあえずナシオン（ネーション）と呼ぼう。一方、ゲセルシャフト的な公理系のモデルとしての昼の国家を、改めてエタ（ステート）と呼ぶことにする。こうして取り出されたエタ－ナシオン双対は、果たしていかなる構造をもつのか。この枠組は、国家論の試金石ともいうべきファシズムの問題をどこまで分析しうるか。決定的な重要性をもつこれらの問題の所在を明らかにした上で、とりあえず本章をとじることにする。

(21) この近代における昼と夜の双対性は、例えば栗本慎一郎が『光の都市　闇の都市』（青土社）において示しているような、前近代における光と闇の双対性とは、全く性質を異にする。前近代においては、光と闇、無徴領域と有徴領域が交錯して、コスモロジカルな全体を形成していたのだとすれば、近代においては、そのような構図が脱コード化されて一様な同質的空間がひろがると同時に、それに寄生するものとして、異質性を囲い込んだ人工的領域性が形成され、その両者が決して交錯することなしに昼と夜の共犯関係をとり結ぶのである。したがって、前近代の闇と近代の夜の差異ははっきりしている。前者が自由な交通と触れ合いの場だったとすれば、後者は単なる《私生活》の場に過ぎないのであり、前者が恐ろしさと面白さを兼ね備えていたとすれば、後者はひたすらにおぞましいばかりなのである。なお、前近代における二元構造と近代におけるその一様化については、次章で述べる予定である。

(22)　脱コード化段階の家族に内在するこうした矛盾を絶妙な語り口で示しているのは、森毅の「父と母、そして子と」(『望星』一九八一年三月号)である。実際、一刀斎がドゥルーズを読まずして日本有数のドゥルージアンであることは、隠れもない事実である。

第五章　クラインの壺　あるいはフロンティアの消滅

1　内と外——二元論の神話

かつて空間と時間はいずれも二元論的構造をそなえていた。この神話をもって当面の出発点としよう。これがあくまでもひとつの神話にすぎないことを念頭においた上で、そのストーリーを確認することから始めたい。

空間と時間の二元性はどこから帰結するのだろうか。人間存在の根源にある《過剰》からである。この論理についてはすでに何度か触れてきたが（1）、ここでは精神分析的な角度からその再確認を試みよう。精神分析は、人間が《過剰》を孕んだ存在である、狂った本能、即ち欲動をもつ動物である、という認識から出発する。性や攻撃に即してみればこのことがいちばんはっきりするだろう。動物は本能に導かれて相手の形態《ゲシュタルト》や行動パターンに適切に反応し、正しい性行動をとったり無闇な攻撃を避けたりする。ところが、欲動につき動かされる人間は、互いのうちにあらぬ幻《イマージュ》を見ては狂おしく求め合い傷つけ合ってやまない。従って、人間たちが直接的相互関係のネットワークをとり結ぼうとしても、それは生態系の調和とは対蹠的な矛盾と混乱によって彩られざるをえないのだ。過負荷のために顫動する幻におびき出されて過剰なエロスとタナトスが奔騰するこのカオスを、ラカンにならって《想像界《イマジネール》》と呼ぶ。

《想像界》の混沌から《象徴界《サンボリック》》の秩序への移行には、相互関係を媒介する超越的な中心の析出が不可欠である。その決定的な第一歩は、過剰な力のすべてを一身に背負わされたスケープゴートが直接的相互関係のネットワークの外へ放逐されることによって踏み出される。スケープゴートは全員一致で犯され殺されることで言わば相互関係の平面の下方に投げ出されるのだが、しかし、そのようにして絶対的に距離をおかれ、平面内の全員に対してメタ・レベルから一般的な第三者の資格で臨みうるようになったこの死者は、一転して、平面を上方から見おろす《絶対他者》の座につくのである（図1）。《絶対他者》は、そこから、身に蒙った過剰な力の一切をこめて禁止の言葉を発し、もつれ合った直接的相互関係をひとまずすべて断ち切ってしまう。その上で、各人が専ら《絶対他者》を媒介と

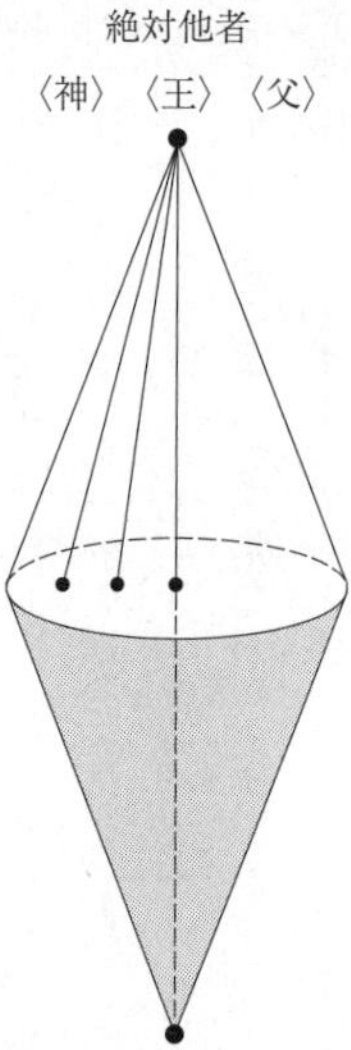

図1　スケープゴート

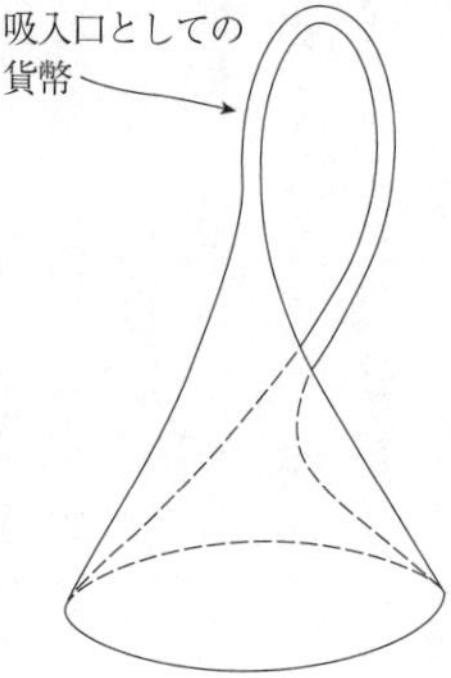

図2

して相互関係をとり結ぶことが命じられる。こうして、無媒介的な融合のもたらす混沌に、隔たりの秩序もしくは差異の構造がとって代わるのだ。これこそ、人々が幻《イマージュ》を追い求めて直接に抱き合い傷つけ合う段階から言語を媒介としてコミュニケーションを行う段階への移行にほかならない。《絶対他者》はこうした言語による秩序——象徴秩序を集約的に表現するフィギュールだと解することができる。

精神分析に即して言えば、《想像的《イマジネール》》な関係の典型は密室の母子の間のそれであり、父、とりわけ現在を過去から包摂する文化の重みを担った《死せる父》のインセスト禁止の言葉こそ、母子一体の繭を切り裂いて象徴秩序へと開くものだ、ということになる。けれども、家族のフィギュールによるこうした解釈は、中心析出の論理の可能性を尽くすものではない。それをより一般的なものとしてとらえ、共同体を統轄する王、さらには神の存立構造を説くものと解することは、十分に可能である。このことを付け加えておいた上で、空間と時間というテーマに焦点を移そう。

すぐにわかる通り、《想像界》は空間や時間と呼ぶに足るものを欠いている。そこには《外》がなく、《外》がないゆえに《内》もない。肌のぬくもりを帯びた密室で欲動が氾濫をくり返すばかりである。時間もまた規則正しい流れを開始するには至っておらず、《現在》の不規則なつらなりがあるにすぎない。勿論、《想像界》は子宮内の生の如き永遠の「いま・ここ」の幸福からはほど遠い状況にある。「私」と「私」の鏡像《イマージュ》との乖離こそがその本質なのであり、それにかりたてられた欲動は、不満と充足の不安な交替のリズム、あのFort-Daを典型とするようなリズムを刻む。けれども、例えば「ここ」にいる「私」は鏡（あるいは鏡としての他者）の中の「私」と容易に入れ替わることができるし、不満と充足のシークエンスも前後が逆転するかと思えば勝手に伸びたり縮んだりして、とらえどころのないこと著しい。従って、それらは前‐空間および前‐時間とでも呼んでおくべきものと言えるだろう。象徴秩序が形成されてはじめて、絶対的に《外》にして《他》なるものとの関係で空間が解き放たれて整序され、インセスト禁止による《世代》の確立が整然と一方向に流れる時間を生み出すことになるのである。象徴秩序の生成は空間と時間の生成でもあると言うことができるだろう。

ここで、とりわけ現象学的空間論が陥りがちなひとつの罠について、手短かに触れておきたい。そこでは《想像界》の前 - 空間にあたるものが事実上空間一般の原型とされ、それと幾何学的空間との間には連続的な移行があるのみだと考えられることがしばしばである。しかしながら、空間が真の意味で切り出されてくるには、《想像界》から《象徴界》への移行における排除と切断の劇が不可欠なのであり、その「手前」にとどまっている限り、前 - 空間の呪縛からぬけ出ることはできないのだ。肌のぬくもりに満たされた前 - 空間を「生きられた」という形容によって称揚し、絶対的な《外》の凍てつくような広がりに背をむけるとき、それは空間論としての資格を自ら放棄していると言わねばならない。このことは、多くの現象学者たちの空間論だけではなく、バシュラールらのそれにもそっくりあてはまることを付け加えておいて、先へ進むことにしよう。

象徴秩序の生成をまってはじめて一様な空間と時間が生み出されるというとき、我々は未だ事態の半面をみたにすぎない。というのも、象徴秩序の構造内に回収しえない部分、バタイユのいう「呪われた部分」が、構造の外部に残されているからである。スケープゴートと共に相互性の平面の下方に放逐された過剰な欲動の場こそがそれである。図1に戻って言えば、象徴秩序を表わす上半の部分は、カオスを表す下半の部分と常に背中合わせなのだ。付け加えて言うと、この図は対称的に過ぎるかもしれない。スケープゴートは「もうひとつの中心」といったものではなく、あくまでも多形的な闇のフィギュールである。ドゥルーズ＝ガタリの言葉を借りるなら、「スケープゴートの肛門が、王の、あるいは神の顔と対立する」(2)のである。象徴秩序はこうした多形的な闇の大海に浮かぶ小島のようなものと言ってもいいだろう。

言うまでもなく、カオスそれ自体は「語りえぬもの」であり、それと感知することができない。カオスが姿を現わしてくるのは、構造の境界ないし周縁にある項、両義的で怪しげな項を通じてである。このような特殊な項を「有徴」(marked)と呼び、一般の「無徴」(non-marked)の項と区別しよう。山口昌男(3)による例を引くなら、徴《しるし》をつけるというのは簡単に言えばレッテルを貼ることである。「不良少年」というレッテルを貼られた者は有徴項となって、無徴項である「少年」一般と――決して「善良少年」とではない――対立することになる。けれども、無徴／有徴の対立はしばしば意識的なレッテル貼りの域をはるかに超え、無徴項〈man〉と有徴項〈wo-man〉の対立のように、文化の前意識的構造の根幹に組み込まれたものとなっているのである。

構造の外部に放逐されたカオスは、時として、こうした境界的・両義的な有徴項を通じて噴出し、構造を一時的に解体する。これこそ祝祭における侵犯の核心にほかならない。

祝祭においては日常の時間の流れはひとまず完全に断ち切られ、荒れ狂う過剰な力が非日常の時空を現出させる。その中で構造の組み替えと再活性化が行なわれ、時間そのものも新たに作りなおされる。やがて祭は終わり、更新された構造の中で改めて日常の時間が流れ始めることになるだろう。

こうして、我々は一般的な二元論的図式に到達した。その基本は、象徴秩序とカオスの対立、あるいは構造とその外部の対立にほかならない。それが空間を内／外、上／下、表層／深層といった形に分割し、さらにこうした対立が構造そのものの内部において無徴／有徴の対立に変換される。他方、時間もまた、世俗の時間／祝祭の時間、あるいは日常／非日常という形に分割されるのである。

ここで、有徴の領域に属する最も重要なもののひとつとして、共同体の外との交換に注目しておきたい。実際、共同体の象徴秩序が婚姻によるコミュニケーションと言語によるコミュニケーションによって支えられているのであってみれば、血のつながりがなく言葉も通じない《異人》と向き合うとき、共同体はそこにカオスの顕現を見てとらずにはいないのである。自らの深層に渦巻く混沌を投射するのだといってもよい。してみると、そのような《異人》と取り引きする場やそれに携わる人々が有徴とされるのは、当然のことであった。market place（市場）こそは典型的な marked place だったのであり、そこで活躍する商人はメタフォリックに言ってすべて《ユダヤ人》だったのである。取り引きがしばしば祝祭のたびごとに開かれたこと、そうした機会には市場の内外に徴つきの遊芸者らが集まってパーフォーマンスの妙を競ったことなどについては、今さら詳述する必要もないだろう。このような事情からすると、栗本慎一郎（4）が政治の中心を《光の都市》、商業の中心を《闇の都市》と呼んで対比しているのは、至当であると言わねばならない。象徴秩序の全体性はこのような光と闇の交錯によって織り上げられたものであり、くまなく光に照らされた一様なひろがりではなかったのである。

以上、空間と時間の二元性にまつわるストーリーの大筋をかけ足で追ってきたわけだが、いささか乱暴に過ぎる要約であるとはいえ、大体のエッセンスは伝ええたものと思う。これで我々は、冒頭に述べたように、一応の出発点を確保したわけだ。それでは、これからどちらに向かって進んで行けばいいのだろうか。

（1）本書第一章・第三章を見よ。
（2）Gilles Deleuze et Félix Guattari, *Mille Plateaux*, Minuit, p. 146.
（3）『文化と両義性』（岩波書店）六〇～一頁。
（4）『光の都市　闇の都市』（青土社）。

2　クラインの壺――二元論の終焉（5）

秩序と混沌、構造とその外部から成る二元論的図式に対して一般的な批判を展開することは、他の場所にゆずるとして、以下の課題とはしない（6）。ただ、最小限確認しておくべきなのは、ドゥルーズ＝ガタリ（7）の言う通り、このような図式が人間学的普遍性をそなえたものではないこと、歴史上の一類型とみなされるべきものだということである。ドゥルーズ＝ガタリは①コード化――原始共同体、②超コード化――古代専制国家、③相対的脱コード化――近代資本制という三類型を提示しているが、超越的な原点が構造を吊り支えるという前節でみた図式は、専らこのうちの②と対応する（一定の食い違いを無視すれば）ものであり、①と③については全く別の図式を考えねばならないのである。

まず①であるが、②の前に位置するからといってこれを《想像界》のような抽象の産物と同一視することは許されず、あくまでも具体的な文化の形として扱う必要があることは、言うまでもない。②と違うのは、①においては文化を形づくる力の運動が超越的な原点を経由することなく専ら大地にはりついた形で繰りひろげられるという点である。従って、②において三次元のひろがりをもつ幾何学的空間が展開されるのに対して、①においては大地にはりつけられて局所化された（「属領化された」）非幾何学的空間が見出されることになるだろう。この問題については、しかし、これ以上立ち入ることを避ける。以下で特に問題とするのは、③、即ち近代に入ってからの空間のありようである。

近代は脱コード化の運動によって特徴付けられる。それは、共同体間に限定されていた交換が共同体内にまでひろがり、共同体の象徴秩序を侵食し解体し尽くしていくプロセスにほかならない。このプロセスがいつどのようにして全面化したかは、論理だけで片付けることのできない問題だ。しかし、ひとたび脱コード化された資本の流れと脱コード化された（いわゆる二重の意味で自由な）労働力の流れが結びついて近代資本制が確立されるや、それはとめどもない膨張運動を開始し、脱コード化の全面展開をもたらすに至ったのである。念のために確認しておくが、このプロセスは、ひとつのシステムが拡大を続けすべてを包摂するに至るというプロセスとは全く性格を異にする。水位の上昇によって、侵食された島々が海流の下に没していくように、システムとシステムの《間》が個々のシステムを侵食し解体していくのであり、その結果、最後には一様な場が世界を覆うようになる、というわけだ。

この運動の類例のないダイナミズムをどのように理解すればいいのだろうか。脱コード化は象徴秩序解体の運動である。事実、それまで図1のようにして象徴秩序を吊り支えてきた（超コード化してきた）中心が消失すること、神が死に王が斬首され父の言葉が絶対性を失うことによって、近代が始まるのだというのは、誰もが知っている通りだ。こうしてローカルな象徴秩序がすべて解体されたあとにひろがるグローバルな場。それを全体としてとらえるとき、その中心に見出されるのは、ほかならぬ貨幣である。ただし、ここでの貨幣と近代以前における金（ないしは金に相当する特別な象徴的財）とは厳密に区別しておかねばならない。金はローカルな象徴秩序に随伴するものであり、諸々の財の価値体系を吊り支える（超コード化する）超越的な中心であった。実際、金は自らのうちに過剰な価値を集積した何ほどか彼岸的な存在であり、それゆえにこそ、人々は金を壺に入れて棚の上に退蔵するかと思えば祝祭の場で惜し気もなくバラまいてみせたのである。ところが、近代資本制の貨幣は超越的な位置に休らうことを知らない。静止した退蔵貨幣は資本としては死んでいるのであり、それが生命をもつためには、絶えず再投下され、価値増殖の運動を続けねばならないのである。いったん超越性へと投げ出された貨幣が再び商品世界の内在性の只中に投下されること。ひとたびはメタ・レベルに排除されていた筈の中心がいつの間にか何くわぬ顔でオブジェクト・レベルに戻ってきていること。これこそ近代資本制における脱コード化の運動の基本型である。それを図2の《クラインの壺》で表わし、図1と対比することにしよう。この図に示す通り、貨幣は、中心といっても静止した超越的な原点ではなくいわば吸入口のようなものであり、すべてはそこから絶えざる運動の中に吸い込まれていく。実際、「急進的なレヴェラー」（マルクス）たる貨幣は、質的な差異を量的な大小に還元することで、それまで通約不能だったものをどんどん交換の場にひき込んでいくのである。これによってはじめて、ローカルな象徴秩序にかわるグローバルな場が成立したのだと言えるだろう。

ここでひとつ補足しておくが、質的な差異が全く消失すると考えるのは明らかに誤っている。ただ、そうした差異は、完結した差異の構造の一部を成すことをやめ、差異化の累積過程の中に取り込まれるのだ。次々と新たな差異を作り出すこと。それによって生じるポテンシャルの差を運動エネルギーに変換して、より先へ進んでいくこと。これは文字通り際限のないプロセスである。上野千鶴子（8）はこれを「差別化の悪夢」と呼んだが、それはさめることのない悪夢なのだ。細川周平（9）がこうした文脈でエッシャーのだまし絵の無限階段を想起しているのは、《クラインの壺》の運動を解き明かそうとしている我々にとって、極めて興味深い視点だと言えよう。

こうしてみてくると、《クラインの壺》のダイナミクスが《過剰》の問題に対する見事な解決になっているということが、だんだん明らかになってくる。人間が《過剰》を孕んだ存在だということは、言いかえれば、自己との間にズレを含みうる存在だということである。このようなズレを整序するにはどうすればいいか。ひとつの道は、オブジェクト・レベル／メタ・レベルという階型化によってスタティックな解決を図ることであり、図1の図式はそのような解決の原型とみなすことができる。ところが、図2においては、オブジェクト・レベルがメタ・レベルになりメタ・レベルがオブジェクト・レベルになるというダイナミックな前進運動の中で、ズレの問題がなしくずしに解消されているのだ。そこでは、メタ・レベルの超越的な中心に《過剰》をとり集める必要もなければ、間歇的な祝祭における階型の侵犯によって《過剰》を解き放ち象徴秩序を再活性化する必要もない。《過剰》は際限のない前進運動の中に連続的に吸収されていくのであり、そうした絶えざる日常的な侵犯が祝祭にとって代わってしまっているのだ。近代社会を覆い尽くした金銭相関（cash nexus）は、象徴秩序が近親相姦の禁止によって排除していたようなレベル間の混同を日常茶飯事にしてしまったのだと言えば、いささかへたな地口ということになるだろうか。ともあれ、我々はそこに、《過剰》の問題に対する見事な解決、と言うよりも、《過剰》の効率的な利用＝搾取《エクスプロイテーション》の方法を、見出さないわけにはいかない。それこそ、近代資本制が史上はじめて全世界を覆うまでに膨張していった原動力の秘密であろう。

さて、すでにはっきりしつつあるように、近代においては我々が出発点とした空間と時間の二元性は本源的に解消されている。秩序／混沌、内／外、上／下、表層／深層、日常

／非日常といった対立そのものが、《クラインの壺》に投げ込まれ、なしくずしにされているのである。従って、無徴／有徴の対立もここでは無効になる。事実、近代とは、どこもかしこもmarket place＝marked placeとなり誰も彼もが商人＝《ユダヤ人》となった時代ではなかったか。すべてが有徴となるとき無徴／有徴の対立そのものが意味をなさないのは見やすい道理である(10)。

こうした見地からすると、近代を対象とする記号論的分析が重大な困難を抱えていることを見てとるのは容易である。超越的な中心（ゼロ音素に相当するような特権的シニフィアン）によって超コード化されたスタティックな差異の構造があってはじめて、差異の交点が安定した記号として存立するのであり、その全体を構造分析によって解読することも可能になる。ところが、近代においてはすべてが膨大な流動の中にまきこまれており、記号といっても、そのつど明滅する流れと流れの交差点、貨幣のような浮動的同一性しかもたない切断点にすぎぬものとなっているのだ。この流動の中に整然たる《表象のハイアラーキー》を見出そうとするのは空しい努力だろう。こうした議論はいかにもとりとめのない抽象論のように響くかもしれないが、実際には抽象どころではない。ドゥルーズ＝ガタリ(11)の言うように、我々は「《グーテンベルグ銀河系》の炸裂」以降の時代、疾駆する電子たちにのって無数のフィギュールが飛びかう時代に生きているのであり、ここで述べたような状況は我々が日常いたるところで目にしている現実なのである。ドゥルーズ＝ガタリは記号の構造分析にかわってフィギュールの流体力学とでもいうべきものが必要になると述べているが、それも決して荒唐無稽な空論とは言えないだろう。

これに対して、記号体系とカオス、構造とその外部の弁証法的相互作用を考えれば、記号の流動のダイナミズムをとらえうるのではないか、という見方があるかもしれない。しかし、すでにみたように、《クラインの壺》は外部をもたない、というよりも、外部がそのまま内部になっているのであり、内外の境界《フロンティア》に定位して内部の秩序と外部の混沌との相互作用をクローズ・アップしようという構えを、最初から受けつけないのである。柄谷行人は次のように述べている。「文化記号論者が重視する『境界』は、私の考えでは、両義的な場所であるというより、そこで（図／地や内／外といった）反転が生じざるをえないような或る『空虚』なのである。それは『空虚』であるがゆえに実体的に明示することはできない。」(12)（括弧内引用者）これは二元論的図式に対する一般的な批判だが、近代についてはとりわけよくあてはまると言えるだろう。《クラインの壺》においては、ありとあらゆる点がそのような『空虚』になっているのである。

以上、我々は、近代における空間が《クラインの壺》のような形をとっており、それに対して記号論的分析を適用するのは極めて困難であることを、極めて一般的なレベルで、しかも非常なかけ足でみてきたことになる。本章の提示するエッセンスは、ここまでのところで尽くされていると言ってよい。あとは、都市というテーマに定位することで、より具体的な分析への足がかりなりともつかむよう、努力することにしたい。

(5) 本節の一部は、山口昌男主宰のセミナーにおける岩井克人の報告「不均衡について――疫病としての経済学」に対する我々のコメンタリーに基づいている。《考えるヒント》を与えられたことについて両氏に感謝したい。
(6) その一端は本書第一章・第二章に述べておいた。
(7) Gilles Deleuze et Félix Guattari, *L'Anti-Œdipe*, Minuit. 以下AOと略す。
(8)「商品――差別化の悪夢」『現代思想』一九八二年五月号。
(9)「博物館としての都市」AXIS第三号。
(10) この視点に立つことで無徴／有徴の対立をめぐる最近の若干の混乱を整理することができるだろう。山口昌男監修『説き語り記号論』(日本ブリタニカ)に寄せたそれぞれの論文で、無徴／有徴を、山口昌男は中心／周縁に、今村仁司は周縁／中心に、対応させている。すでに述べたところから明らかな通り、記号論の術語の一般的用法としては山口昌男の方が正しいことは言うまでもない。また、今村仁司の記述にミスリーディングな点があることは否定できず、とくに、無徴領域／有徴領域を無縁界／有縁界という語で表わすのには大いに問題があると思われる。日本の社会史研究によって発掘されたこれらの語の含意との間に混同を生じかねないからである。網野善彦は、この上なくスリリングな著書『無縁・公界・楽』(平凡社)において、《有主・有縁の原理》の支配する世俗の秩序と《無主・無縁の原理》のもとにある遊芸者や遊行僧らの世界とをあざやかに対比しているが、通常の用語法からすれば、前者の《有縁界》が無徴領域、後者の《無縁界》が有徴領域に対応することは明らかであろう。しかしながら、そこで今村仁司が近代資本制社会を主要な分析対象としていること、そして、今みたように近代においては社会全体（少なくともそのドミナントな部分）が有徴となっていることを考えれば、今村仁司が無理に逆の解釈で押し切ろうとしているのが理解できなくもないように思われるのである。とはいえ、近代資本制のメカニズムが近代以前の象徴秩序とは根本的に異質なものだということを強調する我々としては、近代においては無徴／有徴の対立そのものが有効性を失ったという見解をとる。

追記―今村仁司は「第三項排除効果（上）」『現代思想』一九八二年九月号において我々の右のコメンタリー――「批判」――に対する反批判を行なった。それによると、同氏は、土地を囲い込み、牛に焼印を押すといった意味で「マークする」という動詞を用いるのであり、つまるところ、通常の用法とは逆の定義をとることになる。原論文からそれがただちに読み取れるかどうかは別として、そのような定義をとることは自由であり、それが明示されれば、同氏の理論は首尾一貫したものとして問題なく受けいれることができる。もっとも、その場合、右の注で同氏の理論を評価しようとした部分も妥当性を失うことになる。ともあれ、誤解の余地が抹消されたのは有意義なことであり、早急にレスポンスを示していただいたことに関して同氏に感謝しておきたい。

(11) AO二八五～九頁。
(12) 「マクベス再考」『文藝』一九八二年六月号二九五頁。

3　都市的なるものをめぐって

近代に入って内と外の境界《フロンティア》が消滅したという認識は、とりたてて新しいものではない。例えば、アンリ・ルフェーヴルは、近代以前の都市と農村の対立が近代に入って「全面化された《都市の織目》の中に吸収された、と論じている。農村と対立する古典的な都市が炸裂したあと、近代に固有の《都市的なるもの》(l'urbain) が姿を現わし、世界を覆い尽くすのである。これは都市の歴史上かつてない出来事である。

ルフェーヴルにならって、都市の歴史からまずふたつの類型をとり出そう。ひとつは政治都市、もうひとつは商業都市である。政治都市においては、有徴の領域に属する交換と商業は、注意深く一定の区域に囲い込まれていた。「交換と商業に捧げられた場所は、最初へテロトピーの記号によってはっきり示されていた。そこを使用したり所有しているひとびとと同じように、その場所——隊商宿、大市場、場末、など——も、はじめは政治的都心部《シテ》から除外されていたのである。」(13) つまり、前にみておいたように、都市の本体と特殊な商業区域とが無徴/有徴、光/闇の対立をなしていたのであり、それらを含めた都市全体が今度は農村と対立していたのである。他方、商業都市では事情が異なっており、都市の本体そのものが交換と商業に捧げられていたわけだが、それでも「田舎との関係でいえば、都市は、場末からの通行税によってと同様に、城壁によって定められたヘテロトピックな特徴をもっていた」(14)、つまり、都市全体と農村とが有徴／無徴の対立をなしていたことにはかわりがない。

このような整然たる二元論的図式は近代に入ると急速に崩されてしまう。ここでまず登場するのが工業都市、資源や労働力そして市場のあるところへならどこへでも足をのばしていく不定形のアメーバのような都市、有機的総体としての都市という形式に収まりきらないような都市である。この「非‐都市と反‐都市は、都市を征服し、介入し、炸裂させ、その結果都市をいちじるしく拡張し、社会の都市化と、工業に先立つ都市の残余部分を覆う都市の織目とを完成させる」(15)。こうして古典的な二元論的対立は、《都市の織目》の中に取り込まれ、やがて「社会の完全な都市化」とともに、工業都市を乗りこえて《都市的なるもの》がドミナントになっていくのである。

このような変化はさまざまな場面で容易に検証されるだろう。例えば音の問題をとり上げてみよう。かつての政治的都心部《シテ》とヘテロトピーの記号を付された有徴の商業区域とは、目の見えない人でもはっきりそれとわかるほど画然と区別されていた。前者においては、主体のパロールを——最終的には、絶対の高みから響いてくる王の、さらには神の言葉を

——くもりなく響きわたらせるため、真昼の沈黙が支配している一方で、後者においては、誰が発したともわからぬ断片的な叫び声が飛びかい、猥雑な喧噪状態を作り出していたのだ。近代の《都市的なるもの》のうちにそのようなコントラストはない。《都市的なるもの》の全域を覆うランダム・ノイズ。それは、ほとんど耳を聾するばかりのレベルに達しながら、我々に対して記号として立ち現われることを拒み、自らの意味するところについて頑なに口をとざし続ける。細川周平が述べている通り、「この喧しい沈黙、あるいは沈黙の喧噪の支配するメガロポリスのサウンドスケープにあっては、バルトのいう徴つき／徴なしディコトミーは消滅し、都市という一枚のシーツ全体がカコフォニックな均質的な混乱に覆われているといえるかもしれない」(16)、いや、明らかにそう断言すべきなのである。そこにあるのは記号論的分析をいっかな受けつけようとしない恐るべき流動なのだ。

勿論、《都市的なるもの》を満たすランダム・ノイズの群から逃れて大自然の沈黙に心をひたしたい、というのは、不可能な夢にすぎない。そもそも、どちらに向かって行けばそんな「沈黙」にぶつかるというのか。フロンティアを求めて、ニューヨークやロンドンから出発した旅人は、いつの間にかもといた地点に戻ってきていることに気付いて、愕然とするだろう。シークェンサーの無機的なリズムにのせて「ヨーロッパ・エンドレス」と歌った——それをしも歌というなら——のはクラフトワークだった。実際、ジャングルがエレクトリック・ノイズの氾濫する都市であり、都市が野生の叫びに満ちたジャングルだということとは、トーキング・ヘッズやバウ・ワウ・ワウを聴くまでもなく、誰もが知っていたことなのだ。無名の声を運ぶ電波が、この夜、惑星の全表面を覆う。〈traducteurs, traduisez〉アート・アンサンブル・オヴ・シカゴのアフロ・リズムにのって、ブリジット・フォンテーヌの声が流れる。ラジオのように、まさしく、ラジオのように。

言っておくが、この時代にあっては人間の内的自然に没入するという道も封じられている。エロスすら、肉の深みからわき上がってくるのではなく、全面化したコミュニケーション網――「テレマティックのグランド・ネットワーク、ワールドワイド・コネクション」(17)――の上を浮遊するのだ。デリダの言う通り、今は「技術的複製可能性の時代におけるエロス」(18)「全面化された電話網におけるエロス」(19)を、それどころか télé-orgasmisation(20)を、語るべき時なのではなかったか。「想像してごらん、僕がもうそうしているみたいに絵葉書で精液を送れるようになる日を、それも、精液銀行か何かから振り出した小切手を通してなんかじゃなくだよ、そして、人工授精が妊娠を、それどころか欲望をひきおこすに十分なほど、そいつが生気満々のままでいることを。」(21)ここで我々はジェラール・フロマンジェのタブロー〈ET TOI MON AMOUR MON COEUR MA VIE ET TOI〉(一九七八)(22)を想起せずにはいられない。2m×3mというモニュメンタルなスケールで描かれたマイクロプロセッサー。その上に熱烈な愛の言葉を綴った赤とオレンジは、やがて小さなタッチの微粒子と化して雪のように画面一面に舞いおどる。いとも晴れやかな、深層の欠如。

実際、身に蒙った受苦《パッション》の痕跡を醗酵させ、やがてそこから情熱《パッション》の叫びをほとばしらせる奥深い身体などというものは、二元論的図式の時代の神話にすぎなかったのではなかろうか。勿論、今日でも、パーフォーマンスにおける身体のダイナミズムの爆発によって《都市的なるもの》の只中に劇的時空を切りひらくことを夢見る人々は少なくない。けれども、そのような試みはたいていの場合ひとり相撲におわり、むしろ、ステージに抑圧された客席が文字通り受苦を蒙るという皮肉な結果を生むのがせいぜいであるように見受けられる。そして、言うまでもなく、利巧な観客――表層と深層の弁証法もパーフォーマンスの力学も全く知らない観客と言いかえてもよい――は受苦を情熱に転化させたりする前にふいと席を立って出て行くだろう。彼は、パーフォーマンスそのものがパッケージ化されて商品世界の流れに乗せられていること、買い手である自分はパーフォーマンスの場から自由に「おりる」（メタ・レベルに移る）権利をもっていることを、ちゃんと知っているのだ。このような自由は、近代以前の共同体の祭儀などには希薄だった。それだからこそ、そこで演じられる内と外、表層と深層の交替の劇が、ひとりひとりの上に圧倒的な迫力をもってのしかかってきたのではなかったか。そうした時代をなつかしむことはできる。しかし、今さら観客が「おりる」ことを困難にするような手段を講ずるなどというのは、滑稽以外の何ものでもない。

こういうわけで、今日の空間を考えるためのヒントを得るためには、長大なパーフォーマンスの数々に付き合うより、例えば、伊藤高志の《SPACY》（一九八一）というわずか十分のフィルムを一本みる方がはるかに有益だという結論に達したとしても、それは決して単なる気まぐれのせいではない。このフィルムは、ある無人の体育館内で膨大な数のスチール写真を撮り、それをつないで視点の運動の再生を試みるというものである。強引に体育館の中をひっぱり回されていくうち、我々は、そこにいくつかのプラカードが立っており、その上に同じ体育館内の写真を大きく引き伸ばしたものが一枚ずつはってあることに気付く。やがて、そのひとつがぐんぐん迫ってきたかと思うと画面いっぱいにひろがり、次の瞬間、我々はプラカードの中にダイヴィングするかのようにしてその写真の体育館の中に突入させられる。この体育館の中にもやはりいくつかのプラカードが立っていて――この体育館と前の体育館は全く同じものなのだからこれは当然のことだ――、カメラはめくるめく回遊の途上でそのうちのひとつに再突入するのである。後半に入るとフィルムは強烈なドライヴをもって加速し、外から内へ、さらにその内へ、逆に内から外へ、という運動を急速に反覆する、しかも、見えるのはいつも同じ体育館の中なのだ。我々は《クラインの壺》の中を猛烈なスピードでひきまわされ、フリッカーに眼を灼かれつつ、極限状態に接近する。そこで垣間見られるものを、ドゥルーズ＝ガタリなら体育館の《充溢せる身体》（corps plein）と呼ぶのではあるまいか。そう考える暇もなく、フィルムはあっという間に終わりを迎え、ほとんどフラフラになって外に出てきた観客は、そこに静止した堅固な空間を見出して安心しようとするだろう。けれども、そこにある現実こそ、今みたフィルムにもましてめくるめく流動であること、際限のない《クラインの壺》の運動であることを、我々はすでに見てしまったのだ。この現実を否認することは不可能である。我々にできることといえば、安定した《表象のハイアラーキー》の崩壊を嘆くか、《戴冠せるアナーキー》への希望を口にするか、ふたつにひとつしかない(23)。そして、ここで選ぶべきは後者だと付け加えるなら、全くの蛇足ということになるだろう。なぜなら、それが我々に残された唯一の切り札だからである。

(13)『都市革命』今井成美訳（晶文社）一八頁。
(14) 同二一頁。
(15) 同二三〜四頁。なお、これ以後のルフェーヴルの分析には、同意しがたい面が少なくない。それでも、自分よりはるかに若い人々の多くが感傷的な農村讃美や自然回帰と紙一重のところにいるときに、そのような幻想やフェティシズムを峻拒しつつあくまでも《都市革命》を目指して戦略を練り続ける老哲学者のオプティミスティックなエネルギーには、最大の敬意を表さねばならない。

（16）『ウォークマンの修辞学』（朝日出版社）一二一頁。
（17）Jacques Derrida, *La carte postale*, Aubier-Flammarion, p.32.
（18）ibid., p.17.
（19）ibid., p.36.
（20）ibid., p.119.
（21）ibid., p.29.
（22）アラン・ジュフロワはこの絵を前にしてドゥルーズ＝ガタリのいう《機械状無意識》に言及する誘惑に勝てずにいる。*Gerard Fromanger* 1978-1979, Centre Georges Pompidou, p.22, p.45.
（23）Gilles Deleuze, *Différence et répétition*, PUF, p.356.

補足－1　クラインの壺の作り方

クラインの壺の前に、普通の輪とメビウスの輪について見ておこう。次頁図Aと図Bのようにして、細長い紙片の両端を矢印の向きが一致するように貼り合わせると、それぞれ普通の輪とメビウスの輪が出来上がる。

紙片のかわりにチューブを使って同じことをやってみよう。やはり矢印の向きが一致するように貼り合わせる。すると、図Cの場合に出来上がるのは普通のトーラスだが、図Dの場合にはクラインの壺になるのである。残念ながら、図Dのような操作は三次元空間の中では実現しえない。

補足－2　オルターナティヴ・モデル

近代資本制のダイナミズムの十全な把握のためには、資本の運動形式だけではなく、資本と労

メビウスの輪

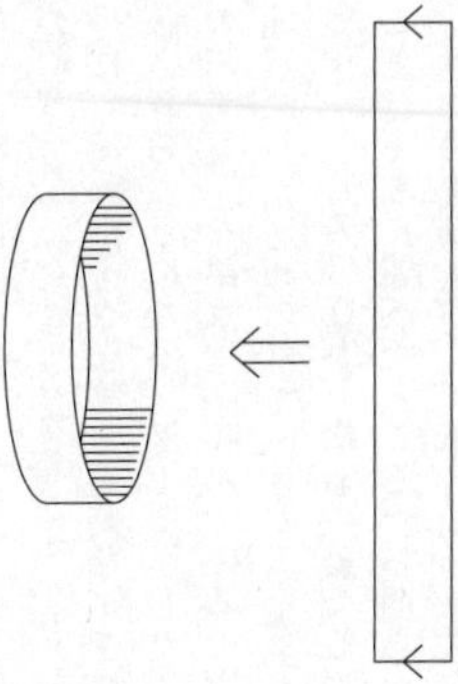

図　A

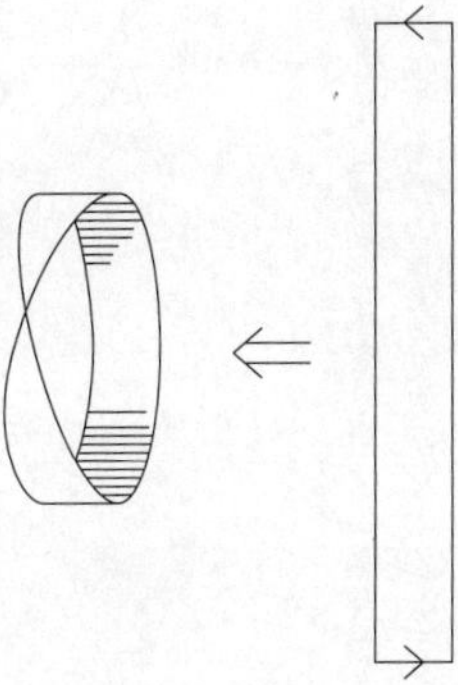

図　B

クラインの壺

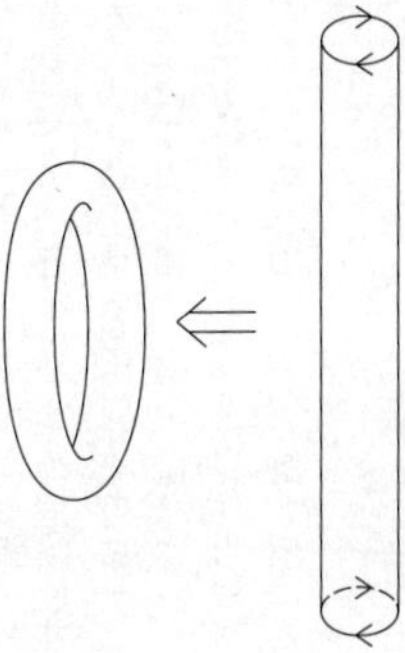

図　C

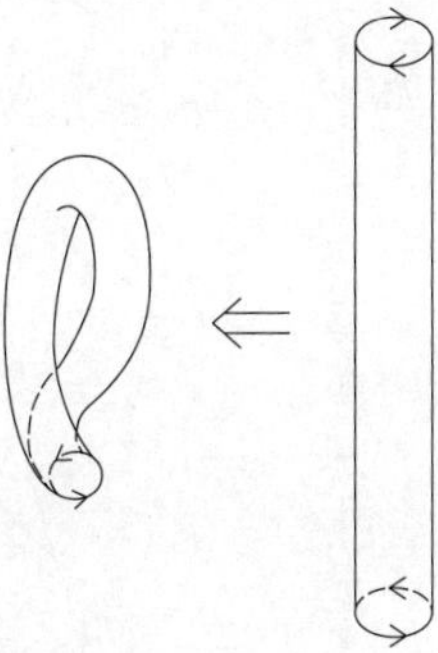

図　D

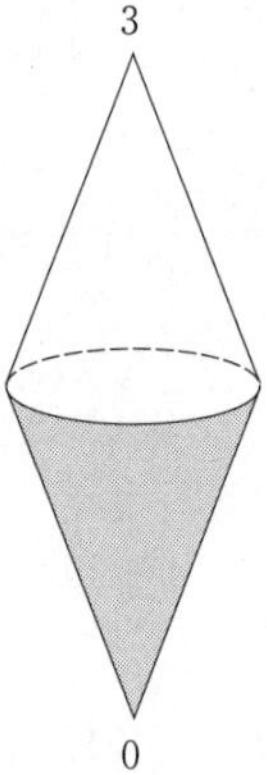

図1'

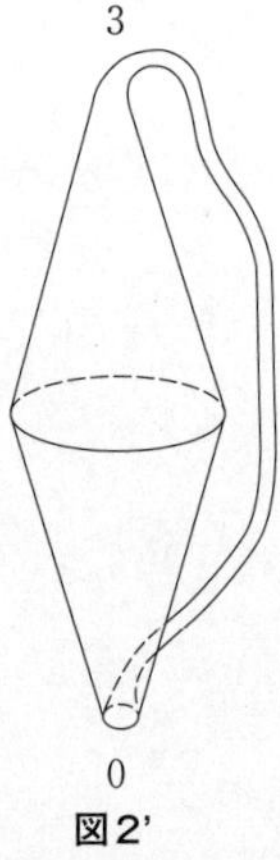

図2'

働の結合運動形式を分析する必要がある。我々の《クラインの壺》のモデルに若干の変更を加えれば、そのような分析のためのモデルを得ることができるだろう。

本章で示した図1のモデルにかえってみよう。双数的な関係の錯綜の中から一般的な第三者が析出されてくる過程において、この第三者は過剰な力の一切を背負わされて下方に排除されたのち、この位置でそうした力の一切をぬぎすて、いわば蒸溜されたイデアールな姿となって上方の媒介者の位置へと昇華される。それは、究極的には、アリストテレスが《不動の動者》とした《純粋形相》のような性格をもつにいたり、上方から構造全体を吊り支えるのである。そのとき、今にも流れ出そうとする過剰なポテンツをせきとめ集積した下方の部分は、その危険性ゆえに隠蔽されることになる。図1'に示したように、今村仁司が上方の媒介者を第3項と呼ぶ一方で下方のポテンツを第0項と呼んでいるのも、この構図においては下方のポテンツが隠蔽され、いわば地下に封じ込められているからである。（今村仁司「第三項排除効果（中）」『現代思想』一九八二年一〇月号。なお、構造主義一般のいうゼロ記号がここでの第0項ではなく第3項に相当することは、右に述べたところから明らかだろう。）

近代資本制において第3項の位置を占めるのは貨幣である。しかし、貨幣がそこに安住することなく、資本として《クラインの壺》型の運動を行なうことは、すでに見た通りである。これを、あらためて図2'のように示すことができる。そこに見る通り、この形式のもとでは第3項と第0項のカップリングが生じ、両者が流動状態となって運動を開始するのだが、こうして顕在的な運動を開始した第0項こそ、今村仁司のいう「非対象化的労働」に他ならない。それは、《クラインの壺》型の回路の中に流しこまれた過剰なポテンツの謂なのである。そして、貨幣がその流れを一方向に誘導する吸入口の役割を果たすことは、本章の記述の延長上で理解することができるだろう。この両者の展開する結合運動形式こそ、近代資本制の核心なのである。

第六章　クラインの壺からリゾームへ
——不幸な道化としての近代人の肖像・断章

1　ふたつの教室

何の変哲もないふたつの教室。同じように前をむいて並んだ子どもたちが思い思いに自習している。部屋の大きさや形、席の数や配列、どこをとっても何らかわりはない。ただひとつの違いは、第一の教室では監督が前からにらみをきかせているのに、第二の教室ではうしろにいる、いや、いるらしいとしかわからないという点にある。たったこれだけの違いが生徒たちの行動様式に根本的な差異を生じさせると言えば、大げさにひびくだろうか。

＊

遊びたいさかりの子どもたちにとって、第一の教室は厳しい環境のように見える。気ままに席を立って遊ぼうにも、ちょっと顔を上げれば監督と視線を合わせることになるのだから。しかし、そんな環境でも、慣れてくればそれなりの抜け道を見つけることができる。机の上に立てた本のかげでイタズラ書きをしたり、隣の子とお喋りしたり。監督がちょっと目をはなしたすきにかなり派手なイタズラをすることだってできる。監督の目が届きにくい教室の周縁部ともなると、要領のいい悪童連がけっこうよろしくやっているようだ。休み時間になって監督が席をはずすと、そんな連中のうちとびきりの札つきが監督席にすわって面白おかしく監督のまねをしてみせるだろう。それを見て笑いころげる子どもたちの顔にいきいきした遊戯の歓びを見てとるには、ほんの一瞥で十分である。

第二の教室ではどうだろうか。一見したところ、ここは第一の教室よりもずいぶん自由な感じがする。事実、少々さぼって手あそびをしたりしていても、うしろから叱声がとんでくる気配はない。どうやら、ちょっとした遊戯は黙認されているらしいのだ。増長してだんだん派手なイタズラを考えるうち、しかし、子どもたちは何となく背後が気になりはじめる。もしかしたらボクはうしろから目をつけられているんじゃないだろうか。それを確かめようにも、振りむくことだけは絶対にできないようになっているのだ。したがって、監督が一体いまそこにいるのかさえはっきりわからないのだが、その不在の視線はやがて確実に子どもたちのうちに内面化されていき、ひとりひとりが自分自身の監督の役割を引き受けることになるだろう。徹底した相対評価システムがそれに輪をかけるように作用して、教室をたえざる自主的相互競争の場に変えていく。事態をいっそう救いのないものにするのは、この場が空間的にも時間的にも均質にひろがっているということだ。実際、第一の教室と違って、この教室には周縁部がない。監督の視線の位置が確定されないということは、それがあらゆる位置に遍在しているのと同じことである。また、決まった休み時間があるわけでもない。ふだんから放任して自由にやらせているのだから、とりたてて休み時間などつくる必要はないというわけだ。ここでは、子どもたちは、遊戯の自由を与えられているにもかかわらず、いや、まさにそうであるがゆえに、その自由を思うままに行使できないという仕組みになっているのである。

*

第一の教室が前近代、第二の教室が近代のモデルとして提示されているということは、あらためて確認するまでもないだろう。たとえば、第二の教室の機能はフーコーが近代のモデルケースとしてとりあげたベンサムのパノプティコンの機能と同一であり、第一の教室の機能はそれに先立つ絶対王制の権力装置の機能と共通している。さらに、第一の教室と第二の教室を、ドゥルーズ＝ガタリのいう超コード化（専制）と相対的脱コード化（資本制）の部分的モデルとみなすこともできるだろう。第一の教室に即して中心と周縁や道化と祝祭のテーマを読みとり、第二の教室でそれらがどのような変化を蒙るか考えるというのは、恰好の応用問題である。けれども、それらの対応関係をここでいちいち述べたてるのは余りにも退屈であり、読者それぞれの検討に委ねることにしたいと思う。そうした退屈さを避け、重要なポイントをひと目で見てとるために、ふたつの教室のモデルを提示したのだ。もう一度このモデルを眺めて、前近代においては空間的・時間的に多少とも局所化された遊戯の場がありそこでは充実した歓びの体験が生きられたこと、近代においてはそうした場が拡散して自由がひろがったが却ってそれゆえに充実した遊戯の可能性が希薄になったこと、こうした作業仮説を吟味していただきたい。

2　近代の不幸な道化

ここでいささか唐突に次のような命題を口にしてみよう。貨幣＝資本とは軽業師である。そんなバカなことがあるだろうか。それは、あぶなっかしい軽業師どころか、周到な合理的計算をふまえて冷徹な利潤追求に汲々とするものなのではなかったか。けれども、その合理的計算というもの自体、ひとつのパラドクスの上に成り立つものなのだとしたら？

こうした問いに答えるためには、今までとは違った新しい視点からマルクスを読みなおす綿密な作業が必要である（1）。しかし、それは別の機会にゆずることにして、ここではその結果の一部を簡単な形で述べるにとどめておこう。

マルクスはまず価値形態論において、錯綜した商品関係のネットワークの中から媒介の機能をはたす中心項としての貨幣が析出されてくる論理的過程を記述する。この過程が一応完了した段階では、貨幣は、一般の諸商品の属するレベルの外、いわば一次元高いレベルに位置する超越的・絶対的な中心項としてとらえられている。その限りにおいて、貨幣は、前近代における神や王、あるいは経済面でそれらに随伴するものとしての特別な財（たとえば金）と構造的に同型であると言ってよい。このことは、マルクス自身、貨幣は諸商品の神であり王であると言っていることからも明らかであろう。これまでに何度か論じたように、この構造を図1のように図示することができる。

ところが、近代資本主義における貨幣については、ここまでのストーリーでは全く不十分である。マルクスがそれに続く流通論で述べている通り、貨幣はたえず再投下されて商品に化身し、売れることによって再び貨幣に戻るという運動を続けることによってはじめて資本として生きるのであり、神や王として超越的な位置に安住していたのでは文字通り死に金にすぎないのである。ひとたびメタ・レベルに隔離されていた筈の貨幣がオブジェクト・レベルの只中に姿を現わし、そこからまたメタ・レベルへとジャンプする。貨幣－資本が展開する、この絶え間のない運動を、これもまた以前に論じたように、図2の《クラインの壺》によって図示することにしよう。

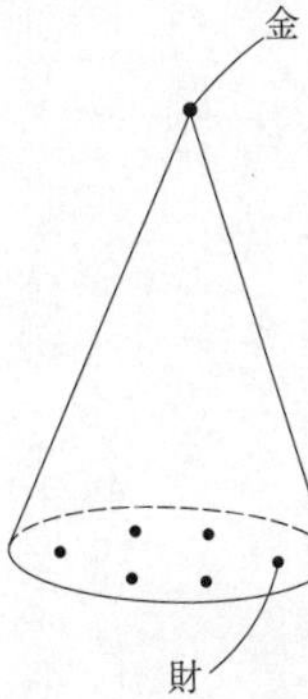

図1

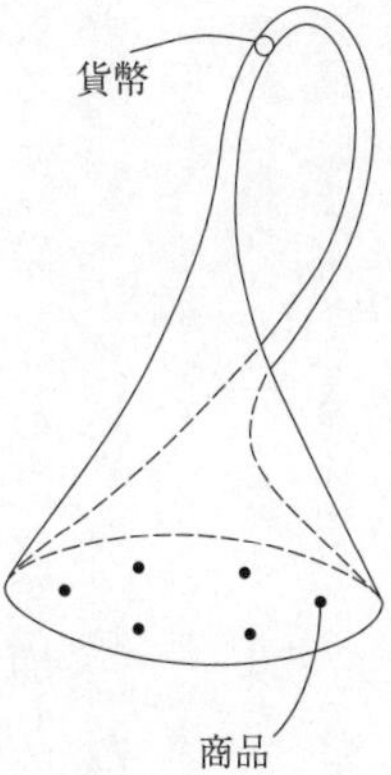

図2

　この運動が極めてパラドキシカルなものだということに注目しなければならない。マルクスが言うように、ここで生じているのはライオンやトラやウサギの間を動物というものが歩き回るといった事態であり、オブジェクト・レベルとメタ・レベルの階型化が崩されるという矛盾である。この矛盾は、いわばそのつど飛びこされることによってのみ、成し崩し的に解決される（2）、と言うより、先送りされていく。実際、《クラインの壺》の運動における商品から貨幣への移行は、階型的累進構造を一段一段着実に上がっていくヘーゲル流の弁証法的行程とは違って、何の必然的保証もない非連続の飛躍なのだ（3）。それはキルケゴールが人と神の間に見出した無根拠で逆説的な飛躍に比すべきものといえよう（4）。だからこそ、それは両者において Salto mortale（生命がけの飛躍）と呼ばれるのである。そうした飛躍によってそのつど矛盾を飛びこえながら進行していく過程。それこそが貨幣‐資本の運動過程にほかならない。貨幣‐資本はパラドキシカル・ジャンプを繰り返しながら走り続ける軽業師だと言いうるのは、まさしくこの意味においてである。

（1）その一端については、岩井克人・柄谷行人との共同討議「マルクス・貨幣・言語」『現代思想』一九八三年三月号を見られたい。

（2）むろん、それは成し崩しの解決にすぎず、最終的な解決ではない。そのことこそが究極的に恐慌論を要請するのである。

（3）そこでは商品は売れることを待つ客体なのであって、過程の主体ではない。なお、それに反して、価値形態論において諸商品の中から貨幣が析出される論理的過程は、ヘーゲル的な弁証法の裏返しとして解釈することができる。たとえば今村仁司「第三項排除効果（上）」『現代思想』一九八二年九月号を見よ。

（4）柄谷行人の示唆による。

*

同じ問題を少し角度を変えて眺めてみよう。あらゆる社会が直面するひとつの問題がある。放っておけばどちらを向いて走り出すかわからない人間という怪物を、いかにして社会秩序の中に組み込むかという問題である。図1および図2のような構造は、実のところ、この問題に対するふたつの異なった解決方法のモデルとみなすことができる。

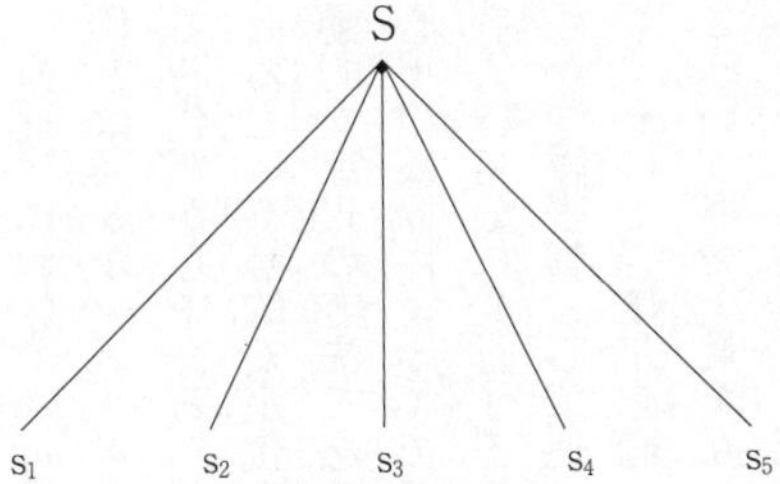

S：絶対的媒介
s_i：臣下としての主体

図3

図1を少し変えて図3のような形にしよう。この図のSは、社会関係の媒介のエレメントとなる超越的・絶対的な中心項をさす。具体的なフィギュールとしては、神や王、また絶対的な《父》を考えればよい。各人はこのSとの関係において一定のポジションをわりふられ、社会的な存在s_iとなる。そのような位置付けを恒久化し、ポジションのシステムを安定的に維持していくこと。これが件の問題に対するひとつの解決、スタティックなタイプの解決である。

前近代においては可能だったこのような解決も、近代には適用することができない。近代とは図3のシステムを吊り支えていた中心項Sをひきずりおろすことによって開始される時代だからである。ここで支配的になるのは、各人にポジションをわりふって落ち着かせるという静的安定化の方法ではなく、全員をともかく一方向にむかって走らせるという動的安定化の方法である。注目すべきは、こうした運動への誘導が、超越的・絶対的な中心項の媒介によってではなく、あくまでも内在的・相対的な形で行なわれるということだ。各人は自分に先行する者のうち手近なひとりを媒介として選ぶことができる。それをモデルかつ障害物として追いつき追いこそうとすることが、彼を自然に競走過程へと導いていく。そして、媒介を追いこしてしまえば、今度は自分が媒介とされる番だというわけだ。こういう形で全員が互いに追いつき追いこそうとすることによって、誰も彼もが抜きつ抜かれつ一方向に走り続けることになり、その競走が続いていく限りにおいて、プロセスはそれなりの動的安定を得ることができる。図4－aはそのような競走過程を図示しようとするものである。

ここで、そうした競走過程への第一の誘導装置がパパ—ママ—ボクのエディプス的家族であり、その中でパパこそが「手近な媒介」の最初のひとりの役割りを果たすことに注目しておこう。ボクはパパの介入によってママとの直接的合一を断念させられるが、それはパパがボクよりも先にいたというだけのことなのであって、絶対の高みから大文字の《父》の禁止の言葉が下されるからではない。そもそもパパは前近代のSとしての《父》のような象徴的な重みを完全に失っているのだ。だから、ボクだってパパに追いつき追いこすことができるし、考えてみれば、いずれは自分もパパになる、というわけである。

このように、エディプス的家族は、それが孕む三角関係の力学によって、ママとの直接的合一を断たれたボクの欲望を《追いつき追いこせ》の競走過程へと誘導する吸入口ないしキャナライザーとして機能するのである。

この吸入口から吸い込まれたものは、その後たえまなく競走過程への同調を強化されながら走り続けねばならない。その途上で競走過程が個々人のうちに内面化されていくとき、図4-bに示すよう

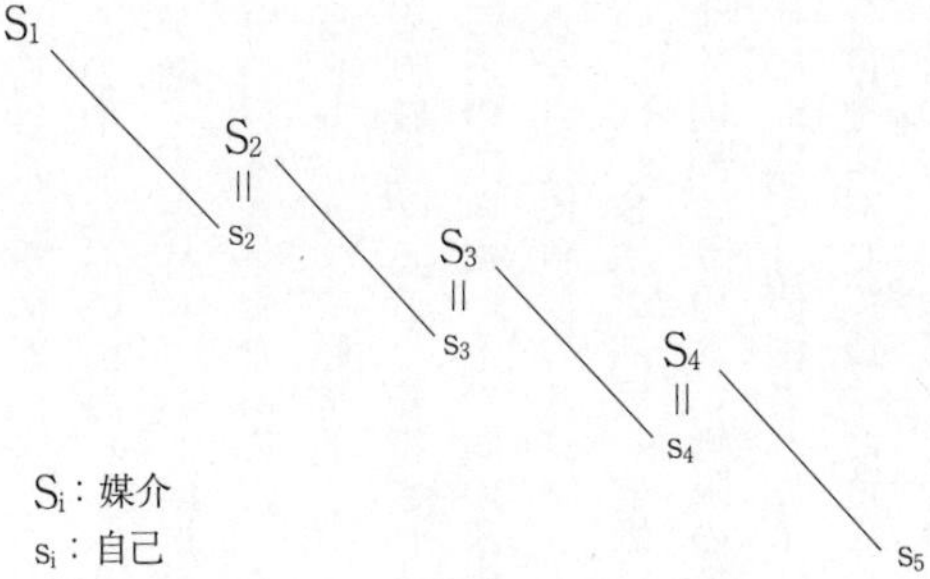

図4-a

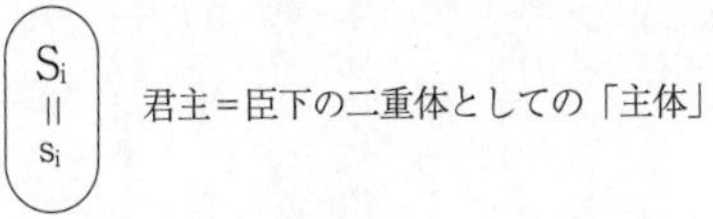

図4-b

な奇妙な二重体が出現することになる。これこそ特殊近代的な「主体」にほかならない。それその中には追いつかれるべき自己と追いつこうとする自己とが折り重ねられており、それが絶えず交替していく結果、「主体」はいつまでたっても自分自身に追いつこうとして走り続けることになるのだ。もっと一般化するなら、その中にはメタ・レベルとオブジェクト・レベル——超越的主体と経験的主体、君主と臣下、立法者と臣民、裁く者と裁かれる者、監視する者と監視される者、等々——が繰り込まれていて、いつまでたっても埋めることのできないその間の落差が「主体」に自動運動を強いるのだと言ってもよい。このことをさらに負債のメタファーによって語ることもできる。図3のような前近代の図式においては、Sはシステム全体の存在を保障する絶対的な債権者として立ち現われ、それに対する埋めようのない無限の負債がシステムを金縛りにして吊り支えていた。ところが、近代においては債権者が「主体」そのものの中に組み込まれてしまっており、「主体」は自分自身に対して負った負債を埋めようとしてむなしく走り続けることになるのだ。

このようにしてふたつのレベルをパタンパタンと交替させながらこけつまろびつ走り続ける「主体」たちの競走過程が、そのつどパラドキシカル・ジャンプを繰り返しながら進行する貨幣‐資本の運動過程と同型であることは、あらためて指摘するまでもない。実際、図3が図1の変形であるのと同様に、図4は図2の《クラインの壺》の運動過程を別の角度から見たものと考えることができるのである。したがって、貨幣‐資本が軽業師であるのと同じように、近代の「主体」もまた軽業師であると言わなければならない。ただしそれは、開いているように見えて閉じた《クラインの壺》のサーキットの中に閉じ込められた、この上なく不幸な軽業師なのである。

＊

三浦雅士は、極めて刺激的な労作『幻のもうひとり』の中で、ゲーデルの問題を核とする柄谷行人の思索からさまざまな帰結を引き出そうとする興味深い試みを行なっている。三浦雅士は、人間を「自己に関係する自己」と定義した上で、前近代においてはそこに根差す矛盾を階型的構造に押し込めて隠蔽していたが、近代になるとそのような階型的構造が崩れて人間が本来の二重性において露呈されるのだ、と論ずる。簡単に言えば、前近代においては神や王あるいは《父》が《見る者》となり、各人は《見られる者》としてそれぞれに位置付けられていた（図3の構図にあたる）が、近代になるとひとりひとりが《自己を見る自己》として立ち現われるようになる（図4‐bの二重体にあたる）というわけである。そのような二重性はまずもって奇怪な問題という相貌を帯びる。それを悦ばしきもの、肯定的なものに変えていくために持ち出されるのが、山口昌男の好んでとりあげるような道化である。道化とは何か。「道化とは、メビウスの輪のまさにそのひとひねりに位置する存在である。」（5）《メビウスの輪》はここで本章における《クラインの壺》とアナロガスな位置を占める。したがって、この定義を敷衍していけば、道化とは人間がメタ・レベルとオブジェクト・レベルの両方に足をかけているという事実をやすやすと受けいれ、それを笑いとともに生きる存在なのだ、という命題に到達することができる。そして、そのような存在への道を示唆するものとして、ニーチェの永劫回帰やキルケゴールの反覆が言及されるのである。

これは、極めて興味深く、しかも、本質的には正しい主張であると思われる。けれども、近代の抑圧を告発し解放への展望を求めることを素朴に強調しようとする場合、今みたような論理はいささか粗すぎるように感じられるのもまた事実である。ふたつのレベルに足をかけているという事実を笑いとともに肯定することと、ふたつのレベルの乖離をそのつど飛びこえながらこけつまろびつ息せききって走り続けることとは、明確に区別されなければならないのであり、言いかえれば、そのようなパラドクスを永劫回帰において絶対的に肯定することと、悪循環において相対的に成し崩していくこととは、全く別のことなのである。そして、近代における貨幣‐資本の運動過程や「主体」の競走過程がいま言った後者の側に属するものでしかないことは、明らかであろう（6）。まさにそれゆえにこそ、前者すなわち真の遊戯への誘惑者としてのニーチェが、今日ますます重要な意味を帯びてくるのではなかったろうか。

「いうまでもなく、いまや道化など存在しない。こうして、あらゆる記号は固定化し権威づけられたまま動き出そうともしないのだ。」(7)ここで三浦雅士が言わんとすることは十分理解できるにもかかわらず、近代の現実はそれとはややズレたところにあるように思われる。そこでは誰もが不幸な軽業師となっている、つまり道化であるという苦役を課されているのではなかったか(8)。それと同様に記号もまた絶えざる運動を強いられているのだと言わねばならない。前近代においては記号システムも図1のような構図をもち、完結した差異の体系として安定的に維持されていたのだとすれば、近代の記号システムは図2の《クラインの壺》のような形に変貌しており、その中では、絶え間なく生み出される差異のもつポテンシャルの差がただちに運動エネルギーに変換されて競走過程の推力として利用《エクスプロイット》されるという累積的差異化プロセスがくりひろげられているのだ。そのような一方向化された記号の流動こそが近代の悪夢なのであり、道化たちは今日もまたこの悪夢にせきたてられて走り続けるのである(9)。

(5)　三浦雅士『幻のもうひとり』(冬樹社)一〇八頁。
(6)　こうした認識は近代をダイナミックな運動過程としてとらえることを不可欠の要件とする。

これが、三次元空間で実現できる《メビウスの輪》ではなく、四次元時空ではじめて実現できる《クラインの壺》に固執する理由である。

(7) 三浦雅士、前掲書、一〇九頁。

(8) これに反して、山口道化論の《可能性の中心》はむしろニーチェなどと同じ側に求めるべきであり、また求めることができると思われる。この点についての三浦雅士の見解には、最終的に賛意を表することができる。

(9) このような病理を最も尖鋭な形で示す例は、広告の世界の中に見出すことができる。そこでは絶えず新たな差異が生み出されるが、それは差異として肯定され享受されるためではなく、あざとく人目をひく手段として利用されるため、つまりは量的なポテンシャルの差に還元されて競走過程の推力に変換されるためでしかない。その中であれほど多くのスキゾフレニックな才能がパラノイアックな苦役を強いられているのだ。パラノイア化されたスキゾフレニック・マン、この歯をくいしばった道化たち!

＊

累積的差異化を伴う近代の運動過程は、たいていのものをやすやすと呑み込み、パック化して流通させてしまうという、ほとんど怪物的な力量をそなえている。実際、そこでは一見異様な衝撃力をもっているかに見える周縁的な事物さえやすやすとパック化されて流通にのせられるのであり、それればかりか、中心と周縁や道化と祝祭の理論の如きものすら口あたりよく角を落とされて回路にとり込まれてしまうのだ。それとは反対に峻厳極まりない体系を構築してみせたヴィトゲンシュタインや、中心／周縁の決定不能性を提示してみせるデリダのようなひとさえ、決して例外にはならない。"It's true like the Tractatus"だの"I'm in love with a Jacques Derrida"だのといったフレーズをファッショナブルないろどりとして歌の中に折り込んでしまうスクリッティ・ポリッティのようなグループなら、どんなに過激な政治的文書《スクリッティ・ポルティチ》でもやすやすとソフィスティケートされたポップミュージックに変えて商品化してしまうだろう（10）。映像の世界でも、内と外の決定不能性もしくは絶対的な外の不在を描いたロブ・グリエ＝アラン・レネの『去年マリエンバードで』のような作品すら、小綺麗なコマーシャルに引用されてマスメディアにいろどりを添えているし、猫十字社の少女ギャグ漫画の中では、手術台の上で衝撃的な出会いを体験する筈だったミシンとコウモリ傘も、「ミシンのコウモリ傘あえ」なる「お惣菜」でしかなくなってしまうのだ。もちろん、こうした試みは決して否定すべきものではない。それどころか、こうした身軽さの中にこそこの時代の最良の可能性を見てとるべきなのであり、それに対して目をとざすようないかなる理論も、今や過去の遺物でしかないと言うべきだろう。ただ、それは今もって苦役としての遊戯、強いられた道化ぶりであることをやめたわけではないのである。

（10）Scritti Politti : Songs to Remember (RTL-26). それにしても、女の子たちのバックコーラスに

黄色い声で「トラクティタス！」なんて歌われると吹き出さずにはいられない。

＊

もう一度あのふたつの教室を思い出してみよう。第一の教室と図1&3のシステム、第二の教室と図2&4のシステムの対応関係は明白である。してみると、第二の教室の子どもたちは遊戯の自由を与えられているがために却って自主的な学習に追いやられていると述べたことは、そのような学習競争こそ軽業師たちの遊戯競走なのだという観点から言いかえることもできるだろう。学習と遊戯の区分が抹消されるとき一様な時空がひろがる。そこでの遊戯の充満が遊戯の喪失でもあるという不幸な逆説。この逆説から逃れる道を探ることこそが、いま問われるべき重要な問題である。

3　砂漠へ

近代人は遊戯者である。ただし、この上なく不幸な遊戯者である。彼は遊ぶというよりも遊ばされているのであり、遊戯という苦役を背負わされているのであると言わねばならない。それでは、真に悦ばしい遊戯の場は、いったいどこに見出されるのだろうか。

この問いに対する解答として、先に見たような前近代モデルを想定する者は、決して少なくない。そこではいきいきとした歓びをもって遊戯が体験されていたのではなかったろうか。空間的・時間的な制限はある、しかし、まさにそのことこそが興奮の密度を高めていたのではなかったろうか。こうした解答は、言うまでもなく、言葉の真の意味において反動的である。実際、いま述べたことを逆転すればわかるように、そこでの遊戯の歓びは空間的・時間的な制限を受けいれた上ではじめて体験されるものだったのであり、そうした制限を課す絶対的秩序の優越をいささかもゆるがすものではなかったのである。監視が厳しいほどイタズラのスリルが増す、日常の規律が厳格であるほど祝祭の興奮が高まる、禁止されているからこそ侵犯の快楽が身を灼く、といった愚にもつかぬ「弁証法的関係」、いやむしろおぞましい共犯関係は、そのような秩序のもとでのみ成り立つものだった(11)。そのとき遊戯は、秩序の安全弁として機能するための、あるいはせいぜい秩序を再活性化するための、「スプーン一杯の混沌」へと堕してしまうことになる。

まさしくここで、ニーチェ、この偉大なる遊戯への誘惑者のもつ重大なアクチュアリティに注目しなければならない。今日ドゥルーズ゠ガタリが最大級の重要性をもっているというのも、彼らがこの面におけるニーチェの最良の後継者と目されるからにほかならないのである。彼らは明快に断言する。真に遊戯するためには外へ出なければならない。してみると、遊戯の場を求めて前近代モデルの如きものへと遡り、そうした秩序の中へ這い戻ろうとするのは、完全な転倒だと言わねばならないのである。近代はそのような秩序からぬけ出した。しかし、問題は、まだ十分によく外へ出てはいないという点にある。外へ出よ。さらに外へ出よ。これこそが彼らの誘惑の言葉である。

(11) これがたとえば三島由紀夫がバタイユから読みとったもののすべてであり、その結果があの面白くもない兵隊ごっこだった。

＊

近代に入って絶対的な中心Sがひきずりおろされるとき、それに吊り支えられていた図1&3型のシステムのトータリティは崩れ、インフィニティが口を開く。けれども、それは一方向にキャナライズされたインフィニティでしかなく、システムを放り出されたものたちは、この無限のコースに沿って、休む間もなく走り続けねばならない。しかも、よく見ると、このコースのまわりには、エディプス的家族を典型とする三角関係の閉域、ジェラシーとルサンチマンの膿に満たされた小胞がびっしりと無数にはりついていて、キャナライザー兼モーターとして機能しているのだ。それらを突き破り、外へ逃れ出ること。それによって流れをコースからそらせ、多数多様に散乱させること。いま走っているのが、いわば無数の小さな沼におおわれた湿地帯だとするなら、目指すべきは、サラサラと砂が舞いおどる広大な砂漠だ！

むろん、それは最終的な到達点といったものではない。腰を落ち着けたが最後、そこは新たな《内部》となってしまうだろう。常に外へ出続けるというプロセス。それこそが重要なのである。憑かれたように一方向に邁進し続ける近代の運動過程がパラノイアックな競走であるのに対し、そのようなプロセスはスキゾフレニックな逃走であると言うことができるだろう。このスキゾ・プロセスの中ではじめて、差異は運動エネルギーの源泉として利用《エクスプロイット》されることをやめ、差異として肯定され享受されることになる。そして、言うまでもなく、差異を差異として肯定し享受することこそが、真の意味における遊戯にほかならないのだ。第二の教室にいる子供たちが目指すべきは、決して第一の教室ではなく、スキゾ・キッズのプレイグラウンドとしての、動く砂の王国なのである。

＊

砂漠へと逃れ出るために不幸な道化たちに欠けているのは何だろうか。近代における一方向化された前進運動は、《クラインの壺》のような形でそのつどパラドクスを飛びこえながらこけつまろびつ進行していくプロセスであった。その中では誰もが軽業師としてパラドキシカル・ジャンプの修練を積んでいる。けれども、ニーチェ＝ドゥルーズが言うように、飛びこすことと舞踏することとは限りなく遠い。システムの内部にじっとうずくまっているのをやめたのはいいとして、必死で一方向に飛びはねていくだけでは解放と言うにはほど遠いのであり、流れを千に分岐させて砂漠へ導こうと思ったら、悦ばしく多数多様な舞踏の術を身につけねばならないのである。うずくまる者はパラドクスをむりやり階型構造の中に押し込める。飛びこす者はパラドクスをそのつど先送りしていく。舞踏する者だけが、パラドクスを、つまりはふたつのレベルに足をかけているという事実を、そのまま笑いとともに肯定することを知っているのだ。

　これは、つまるところ、ユーモアの教えでもある。いずれかのレベルにはりつくとき、ひとはマジメになる。それをやめて走り出すといっても、ただちに笑いが訪れるわけではない。ふたつのレベルが交替しつつ繰りひろげる永遠のイタチごっこの中にとらわれている限り、ひとはそのつどのレベル間の落差を、つまりは、そのつど先へ先へ遠ざかっていく理想と現実との距離を、肩をすくめながら背に負うほかはないのだ。これこそ近代資本主義のイロニーというものだろう。そのような交替運動からさらに自由になって、ふたつのレベルに同時に足をかけているという事実をそのまま肯定すること。デリダ流に言えば、ふたつのレベルの間の決定不能性を、それがもたらすゆらぎを、笑いとともに享受すること。そのことこそがユーモアの条件なのである(12)。したがって、砂漠へ向かう者の合言葉は《イロニーではなくユーモアを》というものでなければならない。これは、ある意味で言えば、ヘーゲルと手を切るにはアドルノではなくニーチェをもってせねばならないということである。あるいは、リオタールのように、ワグナーと手を切るにはシェーンベルクではなくケージをもってせねばならないのだと言いかえることもできる。いずれにしても、近代人、この不幸な道化は、身にしみついたイロニーを払拭することによって、本当の道化にふさわしいユーモラスな笑いをとりもどさなければならないのである。

(12) 柄谷行人は笑いのテーマに即してこのことを極めて明晰に示している。

*

近代人は不幸な道化だが、それは悪しき遊戯者だということでもある。近代は《クラインの壺》型の本源的不均衡を特徴としており、そこでは金の退蔵ではなく貨幣－資本の(再)投資が支配的になっているが、それはいったい何なのかと言えば、本源的不均衡の波に乗って賭けをすること以外の何ものでもないのである。そして、ニーチェ－ドゥルーズが言う通り、真の意味で遊戯することを知らず賭けることしかできないのが、悪しき遊戯者のかなしさなのだ。賭け、すなわち、遊戯を装った未来のための投資、蓄財のための苦役。積まれるべきものが経済的な富であろうと宗教的な富であろうと事態は変わらない。たとえば、パスカルやキルケゴールも、ニーチェから見れば悪しき遊戯者、意地汚ないギャンブラーにすぎないのだ。そのような目的のために賭けるのではなく、賭けをあくまでも賭けとして享楽すること。そのとき、賭けは真の意味における遊戯へと変わっていくだろう。

その意味では、良きギャンブラーは良き遊戯者の資格をそなえていると言うべきだったかもしれない。悪しきギャンブラーは何度も骰子をふることによって望みの目を出そうとする。そのことによって骰子ふりを未来の目的に従属させ、偶然性を蓋然性に変えてしまうのだ。それに反して、良きギャンブラーはただ一度の骰子ふりにすべてを賭ける。彼が知らなければならないのは、偶然性をトゥリー状に組織することによって広義の確定性の中に回収してしまうことでもなければ、大数を前提として統計的な規則性に訴えることでもなく、偶然性を偶然性として一挙に肯定することなのである。リオタールのむこうを張って言いかえるなら、彼はブーレーズでもクセナキスでもなくケージにこそ学ばねばならない。遊戯と偶然性の関係は、まさしくそのようなものでなければならないのである。

＊

こうして、パラフレーズははてしもなく続く。それをいちいち述べ立てるのはやめにして、いまは《クラインの壺からリゾームへ》というスローガンにすべてを託し、あとは末尾に付したダイアグラムにゆずることとしたい。そして、このような遊戯への誘惑が、他の誰にもましてニーチェによって語られていたものであることを、ここであらためて強調しておこう。先に述べたように、ドゥルーズ＝ガタリの著作がいま何よりも待たれているのも、我々が「ドゥルーズ＝ガタリを待ちながら」多くの言葉を費しているのも、彼らがこの面におけるニーチェの最良の後継者だからにほかならないのである(13)。

しかし、もちろん、それだけにこだわることはない。たとえば、何度か名前をあげたケージ。彼の対話集『小鳥たちのために』は、ポスト・モダンの遊戯空間への、この上なく美しい誘《いざな》いである。その中には籠《ケージ》から逃れ出た小鳥たちの歌がつまっていて、砂のようにサラサラとふきこぼれてくるのだ。それを耳にするとき、ひとは音楽を遊戯《プレイ》するということの本当の意味がわかったように感じるだろう。

その点では、最近我々のもとに届けられたグールドの遺作、あの奇蹟的なバッハの演奏も、決して忘れることができないもののひとつだ。この演奏は、スキゾ・プロセスのリミットがいかに内的で静謐で孤独なものか、そして同時に、いかにカラリと開かれて晴れわたり、恐るべき強度と速度に満ち、ブラック・ユーモアの極限としての晴朗なユーモアとこの上なく陽気《ゲイ》な笑いでいっぱいかを、余すところなく示しきっている！ 遊戯《プレイ》するとは、まさしくこういうことだったのだ(14)。

ケージの小鳥たちの歌が森の歌ではなく、グールドの高度なスタジオ録音が都市の歌ではないということを忘れないようにしよう。《クラインの壺》の中で、森は都市となり、都市は森となる。けれども、そのプロセスで、キノコの生え育つ森とハイパー・テクノポリスの間にキアズマが生ずるとき、一瞬、あたりは今まで見たこともなかったような砂漠へと姿を変えるだろう。この砂漠こそ、ケージの砂の小鳥たち、グールドの音の分子たちが舞いおどる、広大なプレイグラウンドだったのだ。事実、ケージの言う通り、真の遊戯者には「伝統的な意味での〈家〉にではなく、さすらい移動する家に、そして砂漠や海の中や山の上に住む」(15)ことが必要なのである。

(13) とりわけ今村仁司との対談「ドゥルーズ＝ガタリを読む」『現代思想』一九八二年一二月号を見られたい。

(14) バッハ『ゴールドベルク変奏曲』グレン・グールド (28AC1608)。日本の「批評家」たちはこの演奏に対し口をそろえて「人間的成熟」だの「魂の深み」だのを云々してみせた。そこに見出されるのは、単なる愚鈍さというよりも、暗黙の悪意だ。軽やかな音たちの戯れを「内面的解釈」というトリモチでからめとり、エディプス的な沼地に連れ戻そうとする、許し難い悪意なのだ。

(15)『ジョン・ケージ　小鳥たちのために』青山マミ訳（青土社）二二二頁。

＊

いささか「高級」なものばかりとりあげていると思われるだろうか。けれども、我々のまわりではそれこそありとあらゆる種類の《砂漠への誘い》がこだまを交し合っているのだ。たとえば、白石かずこの限りなくポップな詩集『砂族』。

リバーサイドには川がない

一九一一年以来、リバーサイドの川は乾きっぱなしだ。一九八〇年夏、わたしは始めてリバーサイドに現れる。川が乾いて六九年目である。

わたしはリバーサイドが沙漠への入口であることを発見する。と、わたしの内側から急速に砂族というスピリットが活気づき、でていくではないか、沙漠にむかい。

リバーサイド、リバーサイドと呪文を唱え、急速に、砂族、愛すべき、あの乾いた砂粒でできたスピリットたちが、でていく、歩いていく、飛んでいく、沙漠にむかい。

どこにいてもわたしの思考は沙漠、砂のある方へむかう。乾いた土地、乾いた熱い空気、太陽さえ、カラカラにノドをやかれてしまう土地にむかい、わたしの内なる砂族たちは急速に活気づき、リバーサイドに一滴も水がない事を発見するやいなや、快活に、口笛など吹き、踊りだし、裸足で沙漠にむかい、駈けだしていくのだ。

このドライでサンディな言葉たちのざわめきの間をも、ときおり母胎回帰めいたテーマがよぎることがある。けれども、それにかこつけて、言葉たちを再びあの暗い羊水の沼地へ、ロマンだのポエジーだのといった地衣類がはびこる湿地帯へとじこめようとするような批評こそは、遊戯者にとっての最大の危険である。良き遊戯者は、そうした罠にはまらぬよう、細心で陽気な戦士となって砂漠へ向かわねばならない。

わたしの砂族なるスピリットは果敢である。果敢な戦士であるからして、沙漠にむかい、一旦砂かぎつけるとそれにむかって疾走するが、それがなぜであるかなどわかるものか、それは狂気でも覚悟というものでもなく、本能なのである　戻っていくのである。

わたしの内側より本来の巣へむかい、野獣のように鳥や魚のように戻っていく。それら砂族なるスピリットのいっせいにはばたき走る音が、熱い午後には聴こえる　肉眼でみえないがみえる　ポエジーより太い　遥かに太い　大きな川であるからには

川のかたちした幻影のパワーであるからには
回帰のテーマが支配的になって再属領化が生じかけるや否や、ただちに新たな逃走の線が外に向かって走るだろう。それは「実に美しい奇襲」だ。そして、言うまでもなく、それこそが真の遊戯のための戦略なのである。

わたしの内側で彼らが何をたくらみ　次には　どこへ仕掛にいくのか知らないが　あ
あ　リバーサイドで　わたしは彼らの　実に美しい奇襲をみた　次々とわたしの内側よ
り活気をおび　外へと飛び出て　古代アステカまで走っていくかと思うほど彼らは　希
望にみちているのだ　全く奇なる柔らかく暖かく熱くゾッとする音楽のような　生理的
快感をくすぐるような　神聖且つ猥雑な願望を抱き　何者かへと　むかっているのだ
わたしは　わが砂族たちに餌を与えるために時折　充分睡眠をとり　ポエジーをにぎ
り殺すのだ

主要参考文献

- ドゥルーズ『ニーチェと哲学』足立和浩訳（国文社）。
- Gilles Deleuze et Félix Guattari, *L'Anti-Œdipe*, Minuit.
- Gilles Deleuze et Félix Guattari, *Mille Plateaux*, Minuit.
- フーコー『言葉と物』渡辺一民・佐々木明訳（新潮社）。
- 同『監獄の誕生』田村俶訳（新潮社）。
- J. F. Lyotard, *Des dispositifs pulsionnels*, 10/18, U. G. E.

付表について　本文で述べたいくつかの論点は次に示すダイアグラムのパースペクティヴの中で理解されるべきものである。なお、

- 各行は項目毎に対応するのではない。項目間の関係が行と行で同型になっているものと考えられたい。
- 問題によっては左列と中列を区別する必要がないこともあり、その場合は表の下半のように右列とだけ対比してある。これは問題による見方の違いと考えられたい。
- ／は「または」を表わす。

〈プレモダン〉	〈モダン〉	〈ポストモダン、理想的極限としての〉	出典等↓
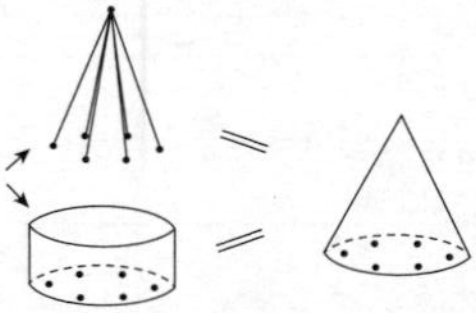	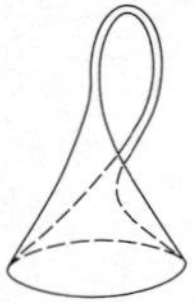	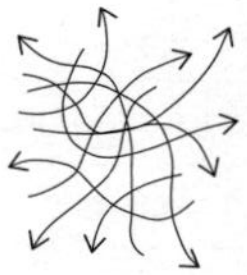	
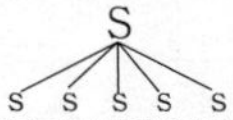	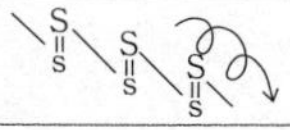		
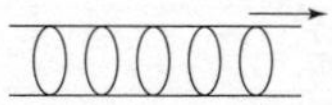	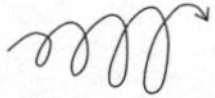		
時間を通じて維持される静的構造	たえざる構造のくみかえによる動的スパイラル	多数多様な散乱	
差異を完結したシステムに封じ込め、それによって同一性に従属させる	たえず新たな差異を作り出し、それを運動エネルギー源としてエクスプロイットする	差異を差異として肯定し享受する	
↗アルブル（トゥリー）* ↘ラディセル*	クラインの壺	リゾーム*	*ドゥルーズ=ガタリ（DG）
↗計画 ↘放任・微調整	ギャンブル：賭けとしての jeu*	遊戯：戯れとしての jeu*	*ニーチェ-ドゥルーズ（ND）
↗ルソー ↘モンテスキュー	ジョン・ロー	バタイユ 一般経済学の可能性の中心	
↗レーニン ↘ハイエク	ケインズ		
金	不換紙幣：monnaie morte*	monnaie vivante*	*クロソウスキー
カトリック	ユダヤ／プロテスタント	無神論、多神教のパロディとしての*	*クロソウスキー
ヘテロ*／「正常」	ホモ*／倒錯	ゲイ	*種村季弘

幾何学*の精神	幾何学＋繊細*の精神	幾何学＋繊細＋大胆の精神	*（曲解された）パスカル
トータリティ*	一方向のインフィニティ*	多数多様なインフィニティ	*レヴィナス
存在	一方向の生成（反動的）	多数多様な生成（能動的）	（　）内ND
存在の存在	生成の存在＝回帰		
	規制された回帰＝資本*	永劫回帰	*リオタール
定住*	競走	逃走*	*DG
じっとうずくまる（矮人）	とびこす（道化師）	舞踏する（ディオニュソス）	ND
デカルト／ヘーゲル	パスカル／キルケゴール	ニーチェ	
父の名*	神の顔**：顔のそむけあい***	千の仮面****の超高速の交替のうちに浮かび出る超人の笑い	*ラカン**レヴィナス***DG****ミル・マスカラス⁉
ワグナー／ヘーゲル	シェーンベルク／アドルノ	ケージ／ニーチェ	リオタール
または小林秀雄、うずくまる野良犬としての		または、モーツァルト、狼の疾走（wolf-gang）としての	
マジメ／シリアス	イロニー*	ユーモア*／ポップ	*ドゥルーズ
ポジティヴィスト	ニヒリスト	ゲイ・ピープル	
↗アルブル（トゥリー） ↘ラディセル		リゾーム	DG
↗計画性 ↘無政府性		自然成長性	柄谷行人
↗ハイアラーキー ↘アナーキー		戴冠せるアナーキー*	*アルトー-ドゥルーズ
↗機械的循環 ↘熱力学的散逸		永劫回帰	ND
↗一　／　↗単一的 ↘多　　　↘モル的		多数多様性／分子的	DG
↗確定性（狭義・広義の） ↘統計的規則性		偶然性	ND
↗ブーレーズ／ポリーニ ↘クセナキス		ケージ／グールド	
《内》の思考		《外》の思考	ブランショ - フーコー
パラノイアック／インテグレーション（積分＝統合化）		スキゾフレニック／ディファレンシェーション（微分＝差異化）	DG、中井久夫

蓄積	贈与／盗奪	
セントラル／メジャー	マージナル／マイナー	DG
ドメスティック	ワイルド	
愛の泥沼／ウェット	砂漠の愛／ドライ	
トラウマをかかえてうずくまり、やがてそれを埋めるべくガンバル	トラとウマにわかれて走り去る*	*坂田明
filiation*／thoroughbred	alliance*／hybrid	*DG

あとがき

本書の各章の執筆にあたっては、できるだけ明快に、それこそチャート式参考書のように明快に、そして、軽くスピーディーに書くことを心がけたのだが、本書全体としては、パターンの反復が目立ち、スピード感を欠くことになってしまった。各章に完結性・独立性を持たせようとした結果とは言え、退屈な復習教師に参考書を詰め込まれるような印象を与えたとすれば、ひとえに著者の計算違いのせいであり、読者の御寛恕をお願いするほかない。

本書の成立については多くの方々に感謝しなければならない。「序に代えて」は、佐和隆光氏の勧めで『中央公論』編集部の早川幸彦氏と会ったことがきっかけとなって書かれた。本書の中核を成す第一章は、今村仁司氏の勧めがなければ書かれえなかったし、『現代思想』編集長（当時）の三浦雅士氏の尽力がなければ公表されえなかった。そのほか、折にふれて討論に応じて下さった多くの方々にも、深く謝意を表したいと思う。最後に、本書を一冊にまとめるにあたっては、勁草書房編集部の富岡勝氏のユーモアに満ちた笑いに大いに力づけられたことを、感謝の念とともに記しておきたい。

初出一覧

序に代えて……『中央公論』一九八一年五月号・特集＝大学の現在（原題「千の否のあと 大学の可能性を問う――知の腐敗と頽廃を逆手にとるための準備運動の試み」）

第一章……一九八一年二月に執筆。『現代思想』一九八一年十一月、一九八二年一・三・四月号に連載

第二章……『現代思想』一九八二年二月号・特集＝バタイユ（原題「プログラム――ヘーゲル／バタイユの呪縛から逃れ出るための」）

第三章……『現代思想』一九八一年七月臨時増刊号・総特集＝ラカン

第四章……『現代思想』一九八一年九月号・特集＝国家と〈私〉

第五章……『現代思想』一九八二年七月号・特集＝空間の記号論

第六章……『現代思想』一九八三年二月号・特集＝〈遊び〉の研究（原題「不幸な道化としての近代人の肖像――遊戯をめぐる断章」）

＊　いずれの論稿にも大幅な加筆修正をほどこした。

解　説

千葉雅也

『構造と力』がついに文庫化された。刊行は一九八三年、当時二十六歳の浅田彰を世に知らしめた本書は、八〇年代の出版界を沸かせた新しい学知の動き、いわゆる「ニュー・アカデミズム」の代表的一冊である。現在は二〇二三年であり、それからちょうど四〇年になる。長きにわたり、伝説の本として語られ、読み継がれてきた。

『構造と力』は、日本におけるフランス現代思想の受容に大きな役割を果たした。本書は、「チャート式参考書」のように書こうとした、と「あとがき」で述べられているが、複雑怪奇に見えたフランスの構造主義〜ポスト構造主義の理論を、驚くべき鮮やかさで整理している。削ぎ落とし、圧縮している。

今の若者が読むと、たくさんの人名や概念が出てくることに困惑し、途中で諦めてしまうかもしれない。しかし、少しでも予備知識があるなら有利ではあるが、コツを摑めば、本書の「内在的な読み」だけでも基本的なストーリーは読み取れると思う。本書はときに、「読めもしないのに、すごいと言われていた」などと回顧されるのだが、浅田が提示する図式は、概念の対応関係を押さえながら読めば、理解可能なものである。バタイユ、クリステヴァ、ラカン、ドゥルーズ＝ガタリなどの概念が出てくるが、それらひとつひとつを納得しなければならないのではない。浅田は、それらの概念を「ある大きな図式」のなかに位置づけている。それが、整理するということだ。それを当時、圧倒的なスピード感でやってみせたから、すごい、というわけである。

スピード感、それは圧縮である。たくさんの事項が次々に出てくるのは、知識がないと読めないという教養主義ではなく、「クリステヴァのこれとバタイユのこれはだいたいイコールですよね」という圧縮である。だから、情報量が多いように見えて、実はスッキリしている。あえて言えば、情報量が多い本として読まないことがポイントだ。（いったん全体を捉えたならば、より細部にこだわった解釈もできるし、読み直すほどに本書はさらに奥深さを見せてくれるだろう。）

「概念Aはこっち側だな、概念Bはそれと対立するんだから、あっち側だな」という対応づけをし、記憶に留めながら読み進めることになる。途中で忘れてしまうことも多いだろう。それでも、大きな図式を把握すれば、ひとまず、この本を読んだと言える。

その大きな図式は、「本体部分＋α」という形で捉えられる。

本体部分は「近代の構造」であり、＋αは「ポストモダン論」である。

『構造と力』は、「近代（モダン）とは何かを論じた上で、そのリミットとしてポストモダンの可能性を示唆した本」だと言える。当時の浅田彰は、ポストモダンというキーワードに結びつけられるわけだが、『構造と力』という本は、大部分が近代論であるということを強調しておきたい。ポストモダンが語られるのは最後の第六章であり、そこまでの、本書の九割方で論じられているのは、近代論である。

おおよそ、次のような図式が提示される。まず、近代論。

最初に、人間とは過剰な動物である、という前提が置かれる。他の動物種とは違って、人間は本能がいわば壊れており、ホモ・サピエンスでありながら、「ホモ・デメンス」（錯乱人）である。人間は、そのままでは、何をしでかすかわからない存在である。最悪、全面的な殺し合いになるだろう。だから、何らかの秩序を設定する必要がある。

という話は、現実にその順序だったとは言えない。我々はつねにすでに、秩序のなかにいるからだ。ただ、秩序が乱れる、破けることがあるために、おそらく「抑え切れていないんだな」と推測される。その過剰さを、バタイユは「呪われた部分」と呼んだ。

人間は、呪われた部分＝カオスを覆うように、「象徴秩序」を張り巡らせている、と考えたのが構造主義である。「構造」とは、「象徴秩序」とイコールである。

構造＝象徴秩序は、ある特権的なXを設定することで成立する。

初期状態では、人々は、同じ平面上に無差別に並んでいるわけだが、そこから唯一の何か＝Xを除外し、その一点に吊り下げられるようにして秩序が設定される。Xは、両義的に除外される。Xは、他の者にとって差別の対象でありながら、それこそが王であるものとして、排除＝特権化される。

不安定な二者関係だけが連鎖する平面と、それとは異なる水準に位置する第三者＝X、という二元性が成立する。前者がオブジェクトレベル、後者がメタレベルである。

しかし、第三者の設定だけでは不十分なのだ。人間の過剰さはつねに余っているため、定期的に燃焼する必要がある。それが祝祭であり、供犠である。第三者を中心とする象徴秩序と、その維持のために定期的に行われる供犠的祝祭。これが前近代の大きな図式である。

これと類似する話は、同時期に、他の論者によっても語られていた（今村仁司、山口昌男、栗本慎一郎など）。浅田の場合、この図式を、高度に領域横断的に応用しているところに特徴がある。

(1)経済：浅田は本来、経済学者であり、第三者の設定という問題は、マルクスの価値形態論から来ている。すなわち、一定量の（具体物としての）商品同士の交換がなされているのが初期状態だとして、そこに「一般的等価物」としての第三者＝貨幣が出現する、という話である（『資本論』第一巻）。

⑵社会：価値形態論をベースにして、人類学などの知見を合わせて、貨幣の存在といわば「ダブらせる」仕方で、第三者によって規整される社会システムを想定する。

⑶主体：そこに、個人の主体性がどう成り立つかという議論をつなぐ。イデオロギーを内面化することによる主体化、というアルチュセールの理論が⑵から⑶へのブリッジであり、より原理的に主体化の構造を描いたものとしてラカンの精神分析が検討される。ラカンの精神分析では、やはり不安定な二者関係→第三者の導入、というロジックを採用している。個人のレベルでも、第三者（ラカンの理論において、二者関係はまず母との関係であり、第三者とは父、および象徴としての男根＝ファルスである）との関係で主体化が成り立つのだが、それを貨幣および社会の成立とダブらせるのである。

また、ドゥルーズ＝ガタリにおいて、第三者の成立は「超コード化」と呼ばれる。一

マルクスの価値形態論から出発し、経済、社会（共同体、国家）、主体の成り立ちを、一般的等価物＝第三者による媒介という同じパターンとして捉える見方は、浅田自身が翻訳したジャン＝ジョセフ・グーの論文「貨幣の考古学」が先行研究としてある。同時代的に、

デリダやドゥルーズ（＝ガタリ）も似た問題の立て方をしていた（彼らは、ラカンが言うところのファルスを、ラカンに反して、脱中心化する方向へと向かった。ドゥルーズ＝ガタリを援用する本書にも、ファルスに中心化されざる欲望へ、という含意がある）。

近代とは、資本制（資本主義）が全面化へと向かう時代であり、経済は流動性を増して、事物と第三者＝貨幣の変換が加速する。このことを論じる際、背景には、岩井克人の不均衡動学、および柄谷行人のマルクス論がある。そこに、「脱コード化」というドゥルーズ＝ガタリの概念が導入される。超コード化から脱コード化へと向かうのが近代である、ということになる。

そして、近代的脱コード化のただなかにおける別の可能性として、ポストモダン的なあり方を素描する。そこで、ドゥルーズ＝ガタリが提案した「リゾーム」という概念を用いる。リゾームとは、二元論的にではなく、多方向に展開する関係性を言うための概念である。

近代社会では、象徴秩序が解体されていき＝脱コード化が進展し、過剰をときどき燃やすのでは対応できなくなる。過剰を常時消費しなければならない。ハレとケの区別がなくなる。これは、レヴィ＝ストロースによる「冷たい社会」と「熱い社会」の対比を前提にしている。浅田は、次のように説明する。

　ここで近代社会がとった解決は、極めて陳腐なものと言っていいかもしれない。象徴秩序の紐帯が緩みきった所で、EXCÈS〔解説者注：「エクセ」と読む。フランス語で「過剰」のこと〕を抱えてじっとしていることに耐えられなくなったとき、人々はわれがちに一方向へと走り出す。何か絶対的な到達点があるわけではない。走ることそのものが問題なのである。一丸となって走っている限り、矛盾は先へ先へと繰り延べられ、かりそめの相対的安定感を得ることができる。しかし、足をとめたが最後、背後から迫って来るカオスがすべてを呑み込むだろう。それを先へ先へと延期するためにこそ、絶えざる前進が必要になるのである。こうして、近代社会は膨大な熱い前進運動として実現されることになる。（一三〇頁）

皆が一方向に走っているのだが、「われがちに」と言われているように、それは「競走」である。「あのEXCÈSは、一歩でも余計に進もう、少しでも余分な何か（etwas Mehr）を生産しようとする日常の前進運動そのものの中に、恰好の捌け口を見出す」（一三〇頁）。近代・資本制は、生産性という強迫観念にドライブされているわけだ。

象徴秩序（の中心である第三者）が担っていた質的なもの＝意味が解体され、値段という中立的な基準だけですべてが扱われるようになる。質から量への転換が進む。人々が競っているのは、究極的には、どれだけカネを稼げるかだけだ。（本書からは外れるが、この過程は、すべてをデジタル情報の量的処理に還元していく過程とも一致する。）
近代とは、新しさを求める時代であり、新しさがカネになる。新商品や新しい業態が次々に生み出される。新しい学問もそうだ。デリダという名でさえ、ポップミュージックの歌詞に取り込まれてしまう。近代では、「差異」をカネにするのが仕事である。

ここでひとつ補足しておくが、質的な差異が全く消失すると考えるのは明らかに誤っている。ただ、そうした差異は、完結した差異の構造の一部を成すことをやめ、差異化の累積過程の中に取り込まれるのだ。次々と新たな差異を作り出すこと。それによって生じるポテンシャルの差を運動エネルギーに変換して、より先へ進んでいくこと。これは文字通り際限のないプロセスである。（二四三頁）

近代においても、従来の象徴秩序が残っている部分はあり、そのために重視されなかったり、差別されたりする差異はある。しかしだんだんと象徴秩序が解体されて、あらゆる差異が競走のガソリンになっていく。

かつては、重要性が凝縮された外部の一点があり、そこに向けて供犠的祝祭が行われるという形で、そうした彼岸と、平常のこちら側とがある、という二元性が成り立っていた。近代化によってその二元性が崩れていくのは、デリダの用語で言えば、内部／外部という二項対立の「脱構築」である。浅田は、それとドゥルーズ＝ガタリの脱コード化をつなげる。「内部／外部の脱構築が循環的に続く」ことを表しているのが、かの有名な「クラインの壺」のモデルである。

万人の万人に対する競走が内面化される。追いつくべき理想的な自己を想定し、それに「まだ足りない」自己がいる。そのために、近代的主体は、「自分自身に対して負った負債を埋めようとしてむなしく走り続けることになる」（二七〇頁）。こうして『構造と力』は、最後に、近代的主体の焦燥感に駆られるあり方を批判するものとなっていく。それが、ポストモダン論である。

議論の展開を骨組みだけで捉えてみよう。次のような三段階になっている。

まず、⑴内部に対し、第三者が位置する外部がある。⑵次に近代の段階となり、内部／外部が脱構築されて循環する。さて、⑴はもちろんのこと、⑵の段階でも、内部／外部の二元性が前提となっている。そこで、ドゥルーズ＝ガタリの「リゾーム」的見方を導入し、⑶内部／外部の大きなペアを立てることなくして、いたるところが外部だらけだ、という描像を採用する。この外部性のことを本書では「力」と言っている。異質な力が、互いに「外部同士」として交錯する。つまり、特権的な、唯一の外部性を立てない。

二元的な構造とその脱構築（すなわち、構造主義のリミット）を説明した上で、複数的な力の場を考える——ゆえに、本書は「構造と力」と題されている。

構造を脱構築し、そしてどうするか……というのが、七〇～八〇年代の、フランスのポスト構造主義の課題であり、日本の論者はそれを離れたところから、独特のメタ視点によって捉えていた。本書はその代表的な考察であり、同時期には柄谷行人が、共通する問題意識を持った仕事を展開している（「隠喩としての建築」、「形式化の諸問題」、「言語・数・貨幣」など）。

本書は「序破急」の急へと向かい、最後のポストモダンの説明は、加速してホワイトアウトするようなごく短いものである。それを鈍重にまとめ直すことは避けたい。八〇年代の浅田の速度から、それぞれの感度で何かを聞き取ってほしいと願っている。

控えめに、解説者の読みを示しておきたい。

競走は内面化され、いわゆる「自分との戦い」になる。自分との戦いをやめるにはどうしたらいいのか。とはいえ、近代・資本制はまだ続いている。競走から完全に降りることはできない。調和的な自然への回帰は、本能が壊れた動物たる人間（ホモ・デメンス）には、ありえないことなのだ（浅田は、近代批判としての自然回帰を批判している）。本書におけるポストモダンとは、近代・資本制の彼方を言うものではなく、そこに内在する「ズレ」の可能性だと言えるだろう。それを浅田は、「舞踏」と表現する。「逃走」とも言われる。それは、具体的にどういうことか。

問いは開かれたままだ。八三年から、開かれたままである。

自己を「まだ足りない」から解放し、同時に、他者がその他者自身において「まだ足りない」とみずからを責めることから解放する……そのような解放としての「ズレ」は、いま、どこにどのようにあるだろうか。

本書は、八一年から八三年にかけて、青土社の『現代思想』誌に掲載された論考を元にしている。

七〇年代には、フランス現代思想、すなわち、構造主義〜ポスト構造主義の理論が矢継ぎ早に紹介された。七三年に創刊された『現代思想』はその主な舞台であり（日本において、「フランス」現代思想が、しばしば略して「現代思想」と呼び習わされる事情は、その雑誌名にもあると思われる)、初代編集長の中野幹隆は七五年に朝日出版社に移り、『エピステーメー』(一九七五〜七九年)を編集することになる。七五年から『現代思想』は、三浦雅士が編集長となった。三浦は、自身、評論活動を始め、八二年に青土社を退社する。『構造と力』の元原稿が掲載されたのは、三浦雅士時代である。

なお、中野幹隆は七三年に青土社に入社し、それ以前、七〇〜七二年には、竹内書店において、やはり現代思想に関わる季刊誌『パイデイア』(一九六八〜七三年)を編集していた。

アルチュセール、デリダ、ラカン、フーコーに関しては、七〇年代にすでに主著が翻訳されていた。代表的なものの翻訳年を挙げておこう。アルチュセール『甦るマルクス』六八年、『資本論を読む』七四年(また、「イデオロギーと国家のイデオロギー装置」が『思想』誌において七二年に翻訳)。デリダ『声と現象』七〇年、『根源の彼方に――グラマトロジーについて』七二年。ラカン『エクリ』七二〜八一年。フーコー『言葉と物』七四年、『狂気の歴史』七五年、『監獄の誕生』七七年。

それに対し、ドゥルーズの主著『差異と反復』、ドゥルーズ＝ガタリの『アンチ・オイディプス』、『千のプラトー』は、本書成立時には未訳だった。および、クリステヴァの記号論も、すでに考察が書かれていたが、本格的な翻訳紹介はこれからだった。

『アンチ・オイディプス』は、八六年に市倉宏祐による翻訳が刊行。『差異と反復』は、財津理による翻訳が九二年。『千のプラトー』は、宇野邦一らによる翻訳が九四年。とはいえドゥルーズも、『マゾッホとサド』、『ニーチェと哲学』に始まり、七〇年代に多くの著作が翻訳された。ドゥルーズが構造主義の特徴を抽出した論文、「構造主義はなぜそう呼ばれるのか」がすでに翻訳されていたことも特筆しておきたい。

また、『エピステーメー』の七七年十月臨時増刊号として、ドゥルーズ＝ガタリ『リゾーム…序』が出版された（豊崎光一訳）。それは、八〇年の『千のプラトー』の冒頭に置かれることになるものだが、ドゥルーズ＝ガタリはリゾーム論だけを先行して七六年に世に出し、それがただちに翻訳された。

本書は、日本において先駆的に『アンチ・オイディプス』および（リゾーム概念を含む）『千のプラトー』を応用した事例である。かつ、ラカンの精神分析理論を明快に紹介した功績も大きい。

このように、本書が登場する前には、七〇年代を通しての翻訳・研究があった。

本書、およびニューアカといえば八〇年代であるが、それを準備した七〇年代の（フランス）現代思想をめぐる研究熱とは何だったのか。そしてそれは、六〇年代から、新左翼運動ピークの六八年を経て、どのように生起したのだろうか。その過程を詳らかにし、意味を多角的に問う研究が必要である。

最後に、解説者による見方をメモしておきたい。

七〇年代の受容を経て、八〇年前後には、浅田のこの仕事や、柄谷における「形式化」をめぐる考察のように、構造主義に収めきれない外部性・他者性の作動（それがデリダの場合は脱構築であり、ドゥルーズ＝ガタリならばリゾーム的な関係性である）を問題にしたポスト構造主義に対する、他所《よそ》＝日本からのメタ視点による構造的再把握、と言えるような理論展開が生じた。浅田と柄谷が編集する『批評空間』に連載された東浩紀の『存在論的、郵便的』（一九九八年）は、その延長線上での深化を目指したものである。

八〇年前後を起点とする「ポスト構造主義の構造的再把握」に対してどう向き合うか（あるいは距離をとるか、無視するか）という課題は、その後、日本における哲学思想研究に、のみならず、人文社会系の諸分野に（また、一部の理系研究にも）、影を落とし続けている。

（ちば　まさや／哲学者・作家・立命館大学大学院先端総合学術研究科教授）

『構造と力　記号論を超えて』一九八三年九月　勁草書房刊

中公文庫

構造《こうぞう》と力《ちから》

——記号論《きごうろん》を超《こ》えて

2023年12月25日　初版発行
2024年1月15日　再版発行

著　者　浅《あさ》田《だ》　彰《あきら》

発行者　安部順一

発行所　中央公論新社
〒100-8152　東京都千代田区大手町1-7-1
電話　販売 03-5299-1730　編集 03-5299-1890
URL https://www.chuko.co.jp/

ＤＴＰ　ハンズ・ミケ
印　刷　三晃印刷
製　本　小泉製本

Published by CHUOKORON-SHINSHA, INC.
Printed in Japan　ISBN978-4-12-207448-4 C1110

中公文庫既刊より

各書目の下段の数字はISBNコードです。978－4－12が省略してあります。

い-83-1
考える人　口伝《オラクル》西洋哲学史
池田晶子
学術用語によらない日本語で、永遠に発生状態にある哲学の姿をそこなうことなく語ろうとする、〈哲学の巫女〉による大胆な試み。〈解説〉斎藤慶典
203164-7

た-77-1
シュレディンガーの哲学する猫
竹内　薫
竹内さなみ
サルトル、ウィトゲンシュタイン、ハイデガー、小林秀雄——古今東西の哲人たちの核心を紹介。時空を旅する猫とでかける、「究極の知」への冒険ファンタジー。
205076-1

み-39-1
哲学ノート
三木　清
伝統とは？　知性とは？　天才とは何者か？　指導者はどうあるべきか？　戦時下、ヒューマニズムを追求した孤高の哲学者の叫びが甦る。〈解説〉長山靖生
205309-0

も-32-1
数学受験術指南　一生を通じて役に立つ勉強法
森　毅
人間は誰だって、「分からない」に直面している。「分からない」とどう付き合って、これをどう味方にするか。受験数学を超えて人生を指南する一書。
205689-3

や-8-3
本の神話学　増補新版
山口昌男
自分だけの「知の見取り図」は、いつの時代も蔵書（アーカイヴ）から生まれる。著者の代表作に「図書館」に関する講演録・随筆を増補。〈解説〉山本貴光
207408-8

ニ-2-3
ツァラトゥストラ
ニーチェ
手塚富雄　訳
近代の思想と文学に強烈な衝撃を与え、今日なお予言と謎に満ちたニーチェの主著を格調高い訳文と懇切な訳注で贈る。〈巻末対談〉三島由紀夫・手塚富雄
206593-2

フ-4-2
精神分析学入門
フロイト
懸田克躬　訳
近代の人間観に一大変革をもたらした精神分析学の全体系とその真髄を、フロイトみずからがわかりやすく詳述した代表的著作。〈巻末エッセイ〉柄谷行人
206720-2